ÉTUDE

SUR LES ILES

Canaries

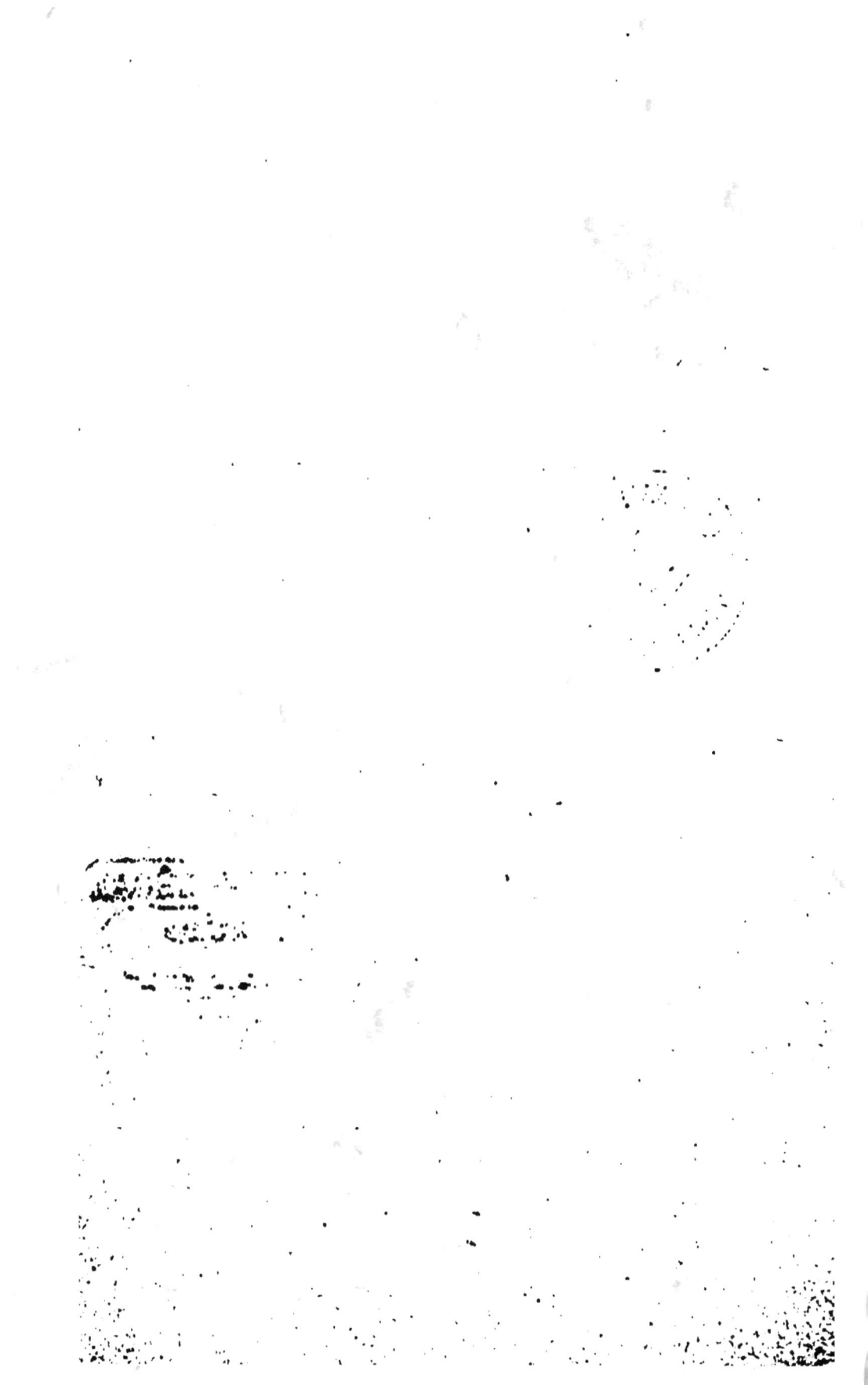

ÉTUDE

SUR LES ILES

Comores

PAR

EDMOND LEGERET

PARIS

G. [illegible]

[illegible]

LES
ILES COMORES

Considérations générales

Emergeant entre la côte N.-O. de Madagascar et la côte E. de l'Afrique et à peu près également distantes de ces deux points, les Iles Comores ont une grande importance au point de vue stratégique.

Bien que le commerce y soit toujours allé en décroissant depuis plusieurs années, il est appelé à y redevenir prospère, car les Comores semblent naturellement destinées à être le point central des transactions entre Bombay, Zanzibar, Madagascar et le Continent Africain.

Fort peu connues jusqu'ici, elles méritent d'être étudiées, étant donné les récents événements qui se sont passés à la Grande Comore ; cette étude aura même une actualité toute particulière.

Les ouvrages ayant trait aux Comores sont déjà quelque peu anciens, aussi essaierons-nous d'en compléter les intéressants renseignements par des documents qui nous sont personnels.

Description géographique

Les Comores sont situées à 11°20' et 13°5' de latitude Sud et 40°50' et 43°10' de longitude Est.

Leur formation est due à une éruption volcanique surgie sous forme de chaîne, du fond de la mer, et elles se divisent en quatre tronçons principaux : **La Grande Comore, Moheli, Anjouan et Mayotte.**

Cette chaîne qui se dirige du S.-E. au N.-O. s'étend sur une longueur de 245 kilomètres environ dont le point culminant se trouve à la Grande Comore et atteint 2 650 mètres ; la partie la plus basse se trouve à Mayotte où l'altitude ne dépasse guère 600 mètres Anjouan et Mohéli forment des point intermédiaires et l'altitude y varie entre 800 et 2.000 mètres.

⁂

Historique

L'histoire des Comores est assez difficile à établir, si l'on remonte à une époque assez reculée ; cependant il semble résulter d'un ancien manuscrit arabe trouvé à Mayotte, que les premiers habitants des Comores furent les Irduméens ou Arabes.

Leur arrivée dans le pays paraît avoir suivi de très près la fin du règne de Salomon.

« Voici, nous dit ce manuscrit, l'histoire « des temps anciens dans les îles Comores, « c'est-à-dire Gazizad, Anjouan, M'Heli et « M'Ayata. Nos aïeux nous apprirent que « des quatre îles Comores, Gazizad fut ha« bitée la première après la venue du pro« phète Salomon-ben-Daoudou, que la « paix de Dieu soit avec lui. A cette époque « apparurent deux Arabes venant de la Mer « Rouge, avec leurs femmes, leurs enfants « et leurs domestiques ou esclaves. Ils « s'établirent à la Grande Comore. Après, « il arriva beaucoup d'hommes d'Afrique, « de la côte de Zanguebar pour habiter « dans les îles. »

Mais cet écrit ne dit pas par suite de quelles circonstances les Arabes se fixèrent aux Comores. Est-ce le hasard de la tempête ou le désir de la conquête qui les poussa vers ces régions ?

Dans son histoire de la grande « *île Madagascar* », de Flacourt parle d'une tribu arabe, les Zaffe Hibrahim (enfants d'Abraham), qui se seraient fixés à Madagascar, à une époque paraissant concorder avec celle indiquée sur le manuscrit. C'est, d'autre part, une tradition locale, qu'une colo nie d'Arabes, sectateurs d'Ali, serait venue se fixer aux Comores, sous la conduite d'un prince de l'Yemen. Ce prince, après avoir soutenu un grand nombre de combats, aurait été vaincu et aurait pris la fuite avec sa famille et une partie de ses sujets. Une tempête aurait dispersé ses vaisseaux et trois bâtiments seuls auraient pu se sauver. Le chef serait allé s'établir à Anjouan; ses sujets se seraient fixés à Maoulé (Mayotte), Mohéli et à la Grande Comore.

Après les Arabes, sont venus des noirs de la côte d'Afrique, de la tribu des Zendjés et des Chambaras.

Les Persans de Chiraz, qui trafiquaient avec la Côte d'Afrique à Magdochon et Kiloa, débarquèrent aussi aux Comores, vers l'an 360 de l'Hégire.

A partir du XVIe siècle, l'histoire devient plus nette et plus précise. C'est vers les années 1500 et 1505 que des Portugais abordèrent à la Grande Comore, mais ils n'y restèrent pas longtemps et firent place à un parti considérable de Chiraziens venus sous la conduite de Mohamed-Ben-Haïssa. Ces nouveaux immigrants s'établirent à la Grande Comore, à Anjouan et à Mohéli.

« Peu après, les Portugais, dit à ce su-

« jet le manuscrit de Mayotte, il est venu
« beaucoup d'hommes de Chiazi pour
« rester dans les îles. Ils sont partis de Pa-
« lestine au nombre de sept boutres. Le
« premier aborda à Souaheli, le deuxième
« à Zanzibar, le troisième à Tonguy, le
« quatrième à Gongué, le cinquième à
« Gazidad, le sixième à Anjouan et le
« septième à Boueni sur la côte de Mada-
« gascar. Dans chacun des sept boutres, il
« y avait un prince de Chirazi, et tous
« professaient la religion mahométane;
« et, dans tous les pays cités plus haut, il
« y eut un prince de Chirazi qui régna.
« Ceux qui sont arrivés à Boueni ne ré-
« gnèrent que fort peu de temps; ils fu-
« rent dominés par les Sakalaves, qui sont
« encore aujourd'hui leurs maîtres; ils
« sont connus sous le nom d'Antalaoussi
« Antalota. »

Les migrations malgaches suivirent de près l'arrivée des Portugais. Parmi elles, il faut citer notamment l'arrivée à Mayotte d'une troupe nombreuse de Sakalaves qui vint s'établir dans cette île au commencement du XVIe siècle sous la condnite de Diva Mamé, un des chefs du Boueni. Les émigrations de Sakalaves devinrent plus tard très fréquentes, à la suite des guerres qui ensanglantaient les pays malgaches.

Enfin, la traite des esclaves introduisit dans les Comores une foule de Makois, de Montchaous, de Cafres, de Chambaras, etc..., venus de Madagascar et de tous les points de la côte d'Afrique. Des Indiens de Bombay, venus pour faire le commerce, introduisirent encore un élément nouveau dans cet étrange mélange de races, qui constitue la population des Comores.

*
* *

Climat

Aux Comores, ce sont les changements de moussons qui déterminent les variations de saisons.

Il est deux saisons à considérer, la saison des sécheresses et la saison des pluies.

La première se maintient sans changement sensible de mai en octobre. Les vents soufflent alors du Sud-Est : ce sont les alizés de l'hémisphère austral, entraînés journellement par le mouvement du soleil et variant avec lui. La température oscille alors entre 20 et 29°. Très supportable pour les Européens, elle est ainsi une assurance de salubrité, et, pendant cette période les maladies sont rares.

La saison des pluies commence en octobre. C'est alors que dominent les vents alizés de l'hémisphère septentrional soufflant du Nord-Ouest et qui amènent l'humidité ; des pentes des montagnes descendent de vrais torrents et la température varie entre 25° et 35°. C'est la saison des cyclones, des ouragans et des fièvres, mais toutefois l'état sanitaire est bien différent suivant les îles.

*
* *

Productions du sol

Le sol, nous l'avons déjà dit, est volcanique, composé en partie de laves pulvérisées et, par conséquent, très fertiles. Les arbres y atteignent les plus grandes hauteurs ; les pins, les cocotiers, les fougères arborescentes et les manguiers y abondent, et beaucoup de cultures, qui y étaient jadis inconnues, ont pu s'y acclimater.

La flore y est très riche. Si certaines espèces ont poussé spontanément et si d'autres ont été importées par l'homme, de nombreux végétaux y ont également été amenés par les courants maritimes venus de Madagascar. Il se produit, en effet, à certaine époque de l'année un contre-courant local et superficiel, faisant parfois refluer les eaux qui se portent ordinairement vers le Sud. Ce contre-courant entraîne avec lui des semences, et voilà pourquoi dansla flore des Comores, on retrouve la flore de Madagascar.

*
* *

Faune

La faune indique Madagascar comme lieu d'origine : ce sont à peu près les mêmes espèces ou du moins les mêmes genres.

Les chauves-souris y sont nombreuses et y atteignent de grandes dimensions. On y trouve un perroquet noir ressemblant beaucoup à certains perroquets de la Malaisie, des colibris aux couleurs variées, des tourterelles, des pélicans, des hérons, des albatros, etc.

Les reptiles les plus connus sont les caméléons, les lézards et les serpents.

La faune entomologique des îles présente un intérêt tout particulier par sa différence avec la faune des continents voisins. On y trouve des espèces spéciales, si modifiées dans leur taille et leur couleur et si bien caractérisées par le développement de certaines parties qu'on serait tenté de les considérer comme des espèces différentes.

Les *lépidoptères* notamment offrent la plus grande variété. Parmi eux, le *papilia meriones* présente cette singularité, que, sur le continent, sauf en Abyssinie, les mâles et les femelles diffèrent tellement entre eux qu'on les classe à part, non seulement comme espèce, mais encore comme groupe ou sous-genres. Aux Comores et à Madagascar au contraire, ils n'ont d'autre différence qu'une tache noire de plus le long du bord costal de l'aile supérieure de la femelle.

Les *coléoptères* sont très peu riches en espèces de grande taille. La couleur dominante est le noir. La coccinelle jaune marquée de points noirs (*cocinella circumpunctata*) est une spécialité des Comores.

***

Population. — Mœurs des habitants.

Bien que les nombreux croisements de races aient donné lieu à une infinité de types, on peut cependant ramener la population à quatre grandes catégories : les Antalotès, les Cafres, les Malgaches et les Arabes.

Les *Antalotès* sont la seule race purement indigène. Ils résultent du croisement des Arabes avec les noirs de la côte d'Afrique et de Madagascar. Les caractères principaux de ce type sont : une grande taille, un teint jaunâtre ou brun plus ou moins foncé, une barbe rare, des cheveux crépus, des muscles très accentués, des veines saillantes. L'œil est vif, les lèvres épaisses, mais sans exagération, le nez légèrement aigu avec des narines larges, le front haut, mais fuyant. A la Grande Comore et à Anjouan, c'est le type sémitique qui domine ; à Mayotte et surtout à Moheli, on constate, au contraire, la prédominence des caractères de la race éthiopienne. C'est surtout à la Grande-Comore qu'on constate une taille et une musculature particulièrement puissante.

Les *Cafres* sont composés des esclaves de la côte d'Afrique ou de Madagascar, introduits par la traite. Ils appartiennent surtout aux tribus des Makouas, des Montchouas et des M'Chambaras. C'est le type éthiopien dans toutes ses variétés depuis le nègre croisé du Souahéli jusqu'au Cafre proprement dit, auquel des tatouages bizarres et des dents limées en pointe donnent un aspect des plus sauvages. Les femmes cafres mâchent du bétel et ont presque toutes la narine percée d'un petit trou, où elles placent une fleurette ou un bouton en métal ; toutes se percent et s'étirent le lobe de l'oreille, où elles passent des ornements ronds en laque, en bois ou en argent. Les esclaves Makouas sont particulièrement laides : « leur tête rasée, dit le « commandant Jouan, leur corps nu, cou- « vert de tatouages par scarification ainsi « que de plaies plus ou moins récentes, « leurs seins pendants, leur gros ventre, « leur allure bestiale, leur saleté en font « des objets repoussants, mais elles trou- « vent encore moyen d'enchérir là-dessus. « Outre la déformation des oreilles, elles « ont les joües et le front tout sillonnés « de balafres ; la lèvre supérieure est per- « cée d'un trou qu'elles bouchent avec « une piastre, ou, à défaut, avec un mor- « ceau de bois de même dimension, c'est- « à-dire plus grand qu'une pièce d'argent « de cinq francs, de manière que la lèvre « est projetée en avant, ce qui fait que, « vues de profil à quelque distance, elles « ont l'air d'avoir un bec de canard. Quand

« elles ôtent ce singulier ornement, la « lèvre supérieure tombe sur l'inférieure, « qu'elle recouvre tout à fait, et, par le « trou béant, coule sans cesse la salive « couleur de sang que provoque abon- « damment la mastication du bétel. »

Les mœurs des Cafres varient avec la durée de leur séjour. Ils conservent pendant quelque temps celles de leur pays d'origine, puis peu à peu ils adoptent la religion et les usages des Arabes. Leurs habitations consistent en cases, dont les murs et le toit sont faits de feuilles de cocotiers tressées et cousues. Un hamac dit *Kibani*, une natte, un ou deux vases en terre ou *sadjouas* où l'on conserve l'eau, un pot, une écuelle, un pilon à riz composent tout leur mobilier.

Comme vêtements, les hommes portent, soit une sorte d'écharpe dite *langouti* qu'ils passent entre les jambes et relèvent au moyen d'un cordon noué à la ceinture, soit une large pièce d'étoffe appelée *simbou*, qu'ils roulent autour des reins et qui couvre le corps de la ceinture aux genoux. Les femmes sont vêtues d'un pagne attaché sous les bras au-dessus des seins et descendant jusqu'à mi-jambe.

Quant à leur religion, elle est faite d'un

mélange d'islamisme, de fétichisme et d'habitudes et pratiques spéciales.

Les *Malgaches* ont conservé à peu près intactes les mœurs de leur pays : ils sont assez réfractaires à la propagande de l'islamisme et habitent des villages séparés de ceux des Arabes ou Cafres.

D'un teint cuivré, grands et bien faits, ayant une abondante chevelure frisée sans être trop crépue, ils constituent un très beau type se rapprochant du type égyptien. Certaines femmes malgaches sont très belles. Les hommes sont vêtus du *simbon* et d'une camisole à manches ou d'un plaid en rabane : leur coiffure consiste en calottes finement tissées de fibres de rabia teintes de couleurs végétales. Ils sont armés de sagaies. Les femmes sont assez coquettes. Elles portent comme vêtements habituels une espèce de fourreau en cotonnade qui, roulé au-dessous des seins, descend jusqu'à la cheville, et un corsage à manches dit *canezou*. Leurs cheveux sont tressés en petites nattes terminées par des pompons : l'une de ces nattes, plus grosse et plus longue, descend au milieu du dos. Elles se parent de longues chaînes d'argent, de bracelets d'or ou d'argent, de colliers de sandal et de grains d'or, d'argent ou de corail.

Les cases des Malgaches sont en bois de construction et en rafia, l'intérieur de certaines d'entr'elles est assez élégant.

Chez les Malgaches, il n'y a pas de cérémonie pour le mariage, qui se réduit à une sorte de concubinage de plus ou moins longue durée; en cas de séparation, le partage des enfants se fait à l'amiable.

On peut dire qu'ils n'ont pas de religion.

« Ils savent bien, dit Flacourt, qu'il « y a un Dieu, mais ils ne le prient ni « ne l'adorent, n'ayant ni temples ni au- « tels; ils sacrifient des bœufs quand ils « sont malades et qu'ils ont fait quelque « songe qui leur fait peur. Ou, quand ils « ont vu en dormant leur père ou leur « mère, ils sacrifient proche leur tombeau « quelque beste, dont ils jettent un mor- « ceau pour le diable et un autre morceau « pour Dieu; tous leurs sacrifices ont sur- « tout pour but de manger de la viande; car « ils n'adressent à Dieu aucune prière, « si ce n'est quelque particulier qui soit « plus sage et plus avisé que les autres... « en lui demandant des richesses, des « bœufs, des esclaves, de l'or, de l'argent

« et des choses temporelles; mais pour les
« spirituelles, ils n'y pensent point. »

« Manger, boire, dormir, chanter, dan-
« ser, satisfaire les besoins essentiels de
« la vie matérielle, voilà le cercle de leurs
« préoccupations, dit le docteur Mones-
« tier. »

Bien que ne pratiquant guère aucune religion, les Malgaches sont très superstitieux. Ils ont notamment une grande frayeur des morts.

« Sur la route d'un de leurs villages à
« Mayotte, dit Gevrey, il y avait une
« grosse pierre pour laquelle ils sem-
« blaient avoir une dévotion particulière,
« car elle était toujours couverte de fleurs,
« de colliers de grains, de fruits, quelque-
« fois même de pièces de monnaie. Il est
« vrai que cette pierre se trouvait à côté
« d'un cimetière et qu'ils ont une peur
« horrible des morts; ces offrandes pro-
« venaient, sans doute, des passants attar-
« dés. Leur frayeur des morts est telle que,
« malgré leur tendance à toujours mentir,
« on peut être assuré qu'ils disent la vérité
« quand ils invoquent leurs parents ou
« leurs amis défunts. »

Malgré cette crainte des morts, le culte extérieur qu'ils leur vouent est des plus sommaires. Ils ne leur élèvent pas de mausolées et se bornent à entourer leur sépulture de deux rangées de pieux plantés en carrés, ou d'une rangée de baguettes vertes qui formera par la suite une haie d'arbustes autour de la tombe

C'est seulement pour les grands personnages que chaque année, à l'anniversaire de la mort, la famille et les amis se réunissent auprès du tombeau pour y faire des cérémonies.

Leurs danses consistent principalement à tourner en cercle pendant plusieurs heures autour d'un *tam-tam*; ils sautent alternativement et en cadence d'un pied sur l'autre en chantant un air plaintif et monotone, ayant des grelots de fruits de rafia attachés autour de leurs mollets. « La « sueur, dit Gevten, découle de tous les « membres des danseurs et des musiciens, « et on est obligé d'entretenir, au milieu du « cercle, un grand feu, où l'orchestre re- « tend à chaque instant les peaux relâ- « chées de ses tambours. Leurs figures et « leurs chants sont si tristes qu'on ne « s'imaginerait jamais qu'ils s'amusent. »

Les *Arabes* sont la race la plus civilisée des Comores. Presque tous appartiennent à la secte d'Ali : ils observent rigoureusement les prescriptions du Coran et leur ambition est de faire au moins une fois dans leur vie un pèlerinage à la Mecque. Ils croient en outre aux sorciers, aux amulettes et aux talismans, et chez eux, la superstition est la compagne obligée de la religion.

Le costume essentiel de tout Arabe des Comores consiste en une longue robe à manches, un turban et une paire de sandales plates: Ils ont toujours avec eux un chapelet. Les gens riches portent sur la robe un ample pardessus à manches, orné de passementeries de soie et d'or plus ou moins riche. Le *kandjiar*, poignard à lame recourbée, est leur arme de luxe. Le vêtement des femmes consiste en une large pièce d'étoffe roulée sous les bras au-dessus des seins et descendant presque jusqu'à la cheville : une autre draperie recouvre les épaules, les bras, et sert de capuchon quand elles sortent.

Elles se surchargent d'ornements de toutes sortes : bracelets, bagues, colliers, médaillons pour amulettes, etc... Les élégantes portent, les jours de fête, un large pantalon serré à la cheville, un corsage à manches courtes richement orné, un *lamba* en écharpe, et une calotte dorée sur laquelle elles relèvent leurs cheveux. Quand elles sortent, elles se voilent avec un *lamba* ou portent un masque carré couvrant la figure jusqu'au menton, avec une fente à la hauteur des yeux.

Les maisons arabes sont généralement construites en bois et rectangulaires. La toiture est en chaume, en vétiver ou en feuilles de cocotier tressées. Le lit est en baldaquin avec rideaux : des étagères, des nattes, des kibanis et des chaises complètent le mobilier. Quand les hommes ne vaquent pas à leurs occupations, ils fument le haschisch, assis sur des nattes, pendant que, tout en mâchant du bétel, les femmes pilent le riz, font la cuisine ou tressent des pagnes et des nattes.

Leur nourriture se compose de riz, d'œufs, de légumes, de viande de bœuf ou de cabri, de poisson et de volaille. Pour eux, les cochons sont des animaux impurs, ils les détruisent le plus qu'ils peuvent et se gardent bien d'en manger.

Les Arabes peuvent épouser légitime ment jusqu'à quatre femmes, à condition que chacune d'elles ait une chambre séparée. Le nombre des concubines est illimité. Les divorces sont très fréquents.

Ce sont les femmes qui élèvent les enfants jusqu'à l'âge de cinq ou six ans, époque à laquelle on les envoie à l'école pour apprendre à lire le Coran, à écrire le souahéli et à compter.

Les Arabes des Comores font à leurs morts des mausolées plus ou moins riches. Les plus pauvres se contentent de planter verticalement autour de la tombe des pierres plates disposées en ellipse, on remplit de béton la partie intérieure de cette ellipse et on place dessus un coquillage.

A l'époque des fêtes les tam-tams sont très fréquents. Il faut pour cela le concours de musiciens et de danseuses. « Ceux-ci, dit Gevrey, se forment sur « deux files, serrés les uns contre les au- « tres et emboîtent le pas ; ils font des « contorsions à droite et à gauche, tous « en même temps, tournent sur eux- « mêmes, gesticulent avec des sabres, des « fourreaux, des bâtons ou simplement « avec les bras ; les deux rangs se rappro- « chent, s'éloignent alternativement et « parcourent lentement les rues les plus « larges du village. Les hommes vont les « premiers, les femmes suivent, frappant « des baguettes et faisant entendre un sif- « flement strident et prolongé ; ce sont « surtout les femmes de service ou d'un

« rang inférieur, car les femmes d'un « certain rang ne paraissent pas dans les « processions. Tout cela marche en ca- « dence, se balançant à droite et à gauche « avec la plus grande gravité ; quelques « voix chantent les couplets, tous répon- « dent le refrain avec assez d'harmonie ; « le chant est, du reste, presque couvert « par un tapage assourdissant de tambours, « de cornemuses, de clarinettes, de pla- « teaux de cuivre, de cornes, de conques, « de crécelles, etc., etc...

« La danse se termine par un repas...

« Quelquefois ils font l'exercice du sa- « bre ou du bâton. Les deux parties se ran- « gent en face l'une de l'autre; deux cham- « pions se détachent, se portent quelques « coups en mesure et en dansant, puis font « place à deux autres, et ainsi de suite. Ils « sont assez adroits ; car, malgré la cohue, « il n'arrive presque jamais d'accidents. « Pour ce jeu, ils ont à la main gauche un « petit bouclier rond, en peau de rhinocé- « ros, qu'ils frappent du plat de leur « sabre. »

Les courses de taureaux ne sont pas inconnues chez les Arabes des Comores et sont souvent un des divertissements qui accompagnent les tam-tams ; mais elles y ont un caractère des plus primitifs. On attache un jeune taureau à une longue corde, dont l'autre extrémité se termine par un anneau très large. Cet anneau est passé autour d'un poteau très solide, ce qui donne à la corde toute sa mobilité. Alors, au son de l'orchestre, une nuée de danseurs s'avance près du taureau en faisant des contorsions et l'excitant de la voix et du geste. Si le taureau charge un groupe, quelques-uns prennent en main la corde et tirent dessus pendant que d'autres font une diversion. Si le taureau parvient à s'échapper, c'est un sauve-qui-peut général et l'adresse consiste à le rattraper. On voit qu'il y a loin de ces courses de taureaux primitives aux brillantes corridas pour lesquelles se passionne le peuple espagnol.

*
* *

Langue

Les sultans des Comores rédigent leurs actes solennels en arabe, mais la langue usuelle, écrite aussi en caractères arabes, est une variété du *souahéli* de Zanzibar. Quelques mots malgaches sont venus s'y mêler ; et, d'autre part, les esclaves Cafres venant de la côte d'Afrique ont introduit dans la langue du pays une assez grande proportion de mots tirés de leur langue d'origine.

*
* *

Mouvement commercial. — Navigation

Le mouvement commercial des Comores va en diminuant tous les jours ; depuis 1887, le commerce a subi une telle décroissance qu'il ne tardera pas à avoir baissé de moitié.

Actuellement, les quatre îles reçoivent environ 2 millions de marchandises et en expédient quatre millions.

La navigation est représentée par les Messageries Maritimes qui passent tous les mois à Mayotte et par trois navires à voile qui viennent chaque année de Nantes. Un petit bateau à vapeur du sultan de Zanzibar vient également aux Comores cinq ou six fois par an, assez irrégulièrement. Enfin, le mouvement des boutres des Arabes est d'environ 150 par an.

En parlant de chacune des îles, nous étudierons séparément le commerce qui leur est spécial.

LA GRANDE COMORE

Description géographique — Climat.

La Grande Comore est la plus grande et la plus populeuse des iles de l'Archipel. Sa superficie est de 1,102 kilomètres carrés, et sa population, d'après le dernier recensement fait le 1er janvier 1894, est de 42,110 habitants.

Comprise entre 40°50' et 41°15' de longitude est et 11°20' et 11°55' de latitude sud, elle a une largeur de 30 à 36 kilomètres de l'E. à l'O. et sa longueur maxima varie entre 60 et 65 kilomètres du N. N.-O. au S.-S.-E. Elle ne forme presque qu'une seule grande montagne ayant une coupure vers le milieu ; ce qui, de loin, fait croire à la présence de deux îles. C'est, nous l'avons dit, la chaîne la plus élevée du groupe des Comores. Son point culminant est le mont *Caratola*, qui a 2,650 mètres d'altitude. Cette montagne est un immense volcan, qui occupe 3 ou 4 kilomètres de superficie et duquel partent de nombreuses coulées, dont beaucoup vont jusqu'à la mer, et qui couvrent les 2/3 de la superficie de l'île. Les montagnes, dénudées à leur partie supérieure, sont couvertes vers leur base de magnifiques forêts.

Le tour de l'île est très curieux. Les rochers, qu'on y trouve sont formés de coulées volcaniques : en certains endroits, la lave s'est élevée à des hauteurs prodigieuses ou a formé des grottes. Au bout de quelque temps, cette lave se décompose et forme des cendres très fertiles.

La Grande Comore ne possède pas de port pour les grands bâtiments, mais elle a de bons mouillages et des criques très suffisantes pour les petits navires. Elle n'a pas de rivières, mais, au Sud, dans l'intérieur et au Nord, on y trouve de nombreuses sources. Certaines jaillissent de terre avec force, puis disparaissent de suite. Le sol et le sous-sol très poreux absorbent beaucoup d'eau, ce qui contribue à la fertilité et à la salubrité de l'île; car les torrents rapides que forment les pluies descendant des montagnes ne séjournent pas à la surface. Aussi le climat y est très sain, contrairement à celui des autres îles du même groupe, et on n'a pas à y redouter les fièvres pernicieuses.

Productions du sol

Le littoral seul est cultivé. On y récolte surtout des bananes, du maïs et des patates, mais fort peu de riz, car cette dernière culture n'y réussit pas bien. Les cocotiers sont l'objet du plus grand soin : leurs fibres servent à faire des cordes que des boutres vont vendre dans l'Inde et c'est le seul commerce un peu important qui se fasse dans l'île.

On pourrait y récolter avec fruit des graines oléagineuses et l'on ne trouve à Madagascar que peu de terres aussi propices que celles de la Grande Comore à la production des caféiers, cacaoyers, muscadiers, girofliers, poivriers et toutes plantations arborescentes. Les caféiers notamment atteignent jusqu'à 15 à 20 mètres de hauteur. M. Humblot a apporté au Muséum de Paris un de ces arbres, qui a 11 mètres de hauteur sur $0^{m}60$ de circonférence. Il y a deux sortes de cafés : l'un a des petits grains ronds et l'autre des pains pointus : ce dernier est si fort que, pour l'employer, on est obligé de le mélanger. Les caféiers forment de véritables forêts ; ils couvrent des milliers d'hectares et y sont si serrés les uns contre les autres, qu'un homme peut à peine s'y frayer un passage : au milieu croît une grande végétation de fougères, qu'il faudrait défricher et éclaircir pour faciliter la culture des caféiers. On trouve également dans l'île des forêts entières de poivriers, dont une espèce, le *piper sylvatica*, se présente sous la forme d'arbustes de plusieurs mètres.

Quant à la vanille, elle viendrait mieux à la Grande Comore que partout ailleurs, et l'on en trouve beaucoup à l'état sauvage. En revanche, les terres ne se prêtent guère à la culture de la canne à sucre.

Le ricin pousse partout sans culture, et le pignon d'Inde, dont on tire de l'huile d'éclairage, croît à profusion le long des chemins et autour des champs.

Les bois de la Grande Comore constituent des essences d'une valeur exceptionnelle, très propres à l'ébénisterie et dont quelques-unes ne se trouvent que dans l'île.

*
* *

Faune

Les forêts de la Grande-Comore ne renferment aucun animal malfaisant, mais des troupeaux de zèbres et de chèvres à l'état sauvage qu'on prend au piège. Les pintades, les pigeons y sont en grande quantité.

Une petite genette (*Siverra schlegeli*) y remplace le chat sauvage. Le tanrec s'y trouve comme à Madagascar.

Les oiseaux y vivent très nombreux, et M. Milne Edwards a reconnu plus de dix espèces nouvelles.

Les reptiles sont de petite taille : aucun d'eux n'est dangereux. On rencontre dans l'île une espèce de serpent voisine de l'*heterurus* de Madagascar. On n'y trouve aucun batracien.

***

Population. — Mœurs des habitants

La population de la Grande Comore, qui, avant les guerres ayant ensanglanté l'île, a atteint et même dépassé 100.000 âmes, était de 42.110 habitants au 1er janvier 1894 La proportion des femmes par rapport aux hommes est d'environ 3/4.

Les premiers Arabes fixés dans l'île étaient blancs. La nuance s'est foncée par suite de croisements. Le type primitif s'étant bien mieux maintenu chez la femme que chez l'homme.

Le divorce existe et il arrive souvent qu'une femme a eu 12 ou 15 maris, mais toute femme noble ne se marie que légitimement. Le consentement au mariage lui est donné par le sultan et par les oncles du côté de la femme et non par les père et mère.

Les femmes nobles sont toujours enfermées. On ne les voit jamais. On les marie tout enfants, mais elles ne partagent pas la demeure du mari avant d'avoir atteint l'âge de 14 ans.

Contrairement à ce qui se passe à Madagascar et dans les autres Comores, la fidélité des femmes est à toute épreuve. Nobles, elles passent leur temps en prière et à broder des ajustements. Esclaves, elles se livrent aux plus rudes travaux : constructions de maisons, de fortifications, etc.

La classe noble se nourrit bien : cette nourriture se compose de poissons, volailles, bœufs, cabris, etc. Toute la cuisine se fait au sucre. La pâtisserie se compose de petits gâteaux au miel, qui sont la spécialité du pays.

Les esclaves se nourrissent de maïs, de patates et surtout de bananes vertes ou de bouillies mélangées de noix de coco râpées.

D'ailleurs, le coco est employé pour presque tous les mets. Les hommes de la basse classe travaillent peu et s'occupent presque exclusivement de pêche et de chasse.

*
* *

Gouvernement

Le sultan Thibé gouverne l'île sous le protectorat de la France. C'est lui qui nomme les petits sultans des royaumes parmi les familles princières : ceux-ci à leur tour, nomment d'autres chefs pour les villes et villages ; mais tout se fait avec le consentement du sultan Thibé dans les petites affaires de l'intérieur de la province. Chaque sultan a ses ministres et une armée.

L'île est divisée administrativement en douze provinces : Bambao, Bankou, Damba, Domani, Hamanvon, Hambo, Honachilé, Itzandru, M'Badjini, M'Bandé, Mahamet, Mitsamiouli, comprenant 292 villes et villages.

Le sultan Thibé réside à Mouroni, qui est la capitale de l'île.

La justice est rendue par des cadis.

Commerce

Le commerce de la Grande Comore est peu important. Le principal est celui du coco, dont la vente du coprah ou de la corde donne lieu à un mouvement assez important. Vient ensuite le commerce des cabris, dont la chair est très estimée et qu'on expédie en grand à Zanzibar ; leur prix, dans le pays, peut atteindre jusqu'à 60 francs.

Depuis quelque temps, une société cons tituée sous le nom de : « *Société Française de la Grande Comore* » a mis en exploitation les richesses naturelles de l'île. Elle y a créé des plantations importantes de vanilliers, de caféiers, de girofliers, de cacaoyers, etc.... Elle s'y livre à l'élevage des bestiaux, des cabris, des bœufs, notamment d'une espèce de bœufs à bosse (*Zèbres*) bien supérieure à celle de Madagascar. On a de plus installé en pleine forêt des scieries à vapeur qui expédient à Mayotte et Zanzibar d'excellents bois de constructions.

Historique

L'histoire du pays est très confuse. Bien qu'une grande partie des habitants sachent lire et écrire et possèdent des livres, c'est par la tradition seulement qu'ils reconstituent la suite des faits dont l'ile a été le théâtre. On trouve à la Grande Comore des vestiges très anciens : à Iconi, une maison date de 800 ans, et à Sadjani, est gravée sur la pierre d'une mosquée la date de son édification en 1300. Si l'on s'en rapporte aux vieux Comoriens, l'ile aurait été colonisée par les Arabes bien avant que Zanzibar le fut. La première de ces familles arabes dont le nom ait été conservé par la tradition est la famille Chirazi. Venue d'Arabie, elle aurait trouvée l'île habitée par des sauvages : elle s'y serait installée et y aurait établi 8 à 10 dynasties régnantes, qui se firent la guerre. Les noms de quelques-uns de ces rois sont restés dans le souvenir des habitants du pays ; les plus connus sont : Mazuandi, Muatambarou, Ikoïba, Hadjufosiaï, Tambarou, Soudjarouma, etc...

Pendant ces guerres, de grandes batailles auraient été livrées par les Malgaches, qui emmenèrent beaucoup de prisonniers pour en faire des esclaves.

Vers la fin du XVIIIe siècle, il y eut sur le trône un prince du nom de Rabahauma, mort en 1840. Il légua le trône à son neveu Achmet déjà âgé ; ce dernier organisa son gouvernement, puis partit en pèlerinage à La Mecque. Pendant son absence, ses sujets se révoltèrent et l'usurpateur Foumbaron monta sur le trône. A son retour, Achmet triompha de l'insurrection et reprit le pouvoir, mais son fils Mohamed lui fit la guerre. Achmet, ami de la France, reçut des secours du commandant de Mayotte, qui lui envoya un bâtiment de guerre, le *Loiret* ; la compagnie de débarquement que portait ce navire bombarda Iconi, où le prince Mohamed était avec son armée et Achmet fut rétabli sur le trône.

En 1871, les Anglais aidèrent le prince Moussafoumon à faire la guerre à Achmet. Après trois ans de luttes, ce dernier mourut à l'âge de 84 ans. Il fit un testament et désigna pour son successeur le prince Saïd Ali, fils d'un des princes d'Anjouan, habitant Mayotte et décoré de la Légion d'honneur. Saïd Ali, qui faisait encore ses études à Mayotte, était trop jeune pour régner, Moussafoumon prit le pouvoir, pendant que l'héritier présomptif, ses études terminées, faisait un voyage à La Mecque. Ce dernier, rentré à la Grande Comore en 1878, pria Moussafoumon de lui céder la place : celui-ci ne souleva aucune objection, mais il persuada à Saïd Ali qu'il lui fallait faire de grandes largesses au peuple pour avoir son appui et il se fit remettre de grosses sommes par le jeune sultan. Moussafoumon se servit de cet argent pour chercher à faire assassiner Saïd Ali, qui se réfugia à Tromboni avec 4 ou 500 hommes : il y organisa une armée et se fit proclamer roi par ses fidèles.

Au bout de 18 mois il avait une armée assez forte pour attaquer Moussafoumon. A la suite d'une grande bataille, la ville d'Iconi fut prise, et Saïd Ali put former son camp sur une hauteur située en vue de la capitale Mouroni, où l'insurgé et son armée s'étaient établis. Saïd Ali s'empara de Mouroni. Moussafoumon se réfugia dans un bois avec ses troupes et, de là, il fit chercher des secours à Zanzibar par ses partisans; ceux ci en ramenèrent cinq cents hommes armés de fusils. Grâce à cet appui il put recommencer les hostilités et reprendre à Saïd Ali la ville d'Isouda. Ce dernier soutint courageusement la lutte, et le sultan d'Anjouan, son parent, lui expédia des hommes et des armes pour continuer la guerre.

C'est alors que les Anglais intervinrent

dans le conflit. On vit un jour arriver en rade de Mouroni un navire envoyé par le sultan de Zanzibar et un navire anglais; et le consul de la Grande-Bretagne à Zanzibar, descendant à terre, somma le prince Saïd Ali de quitter le pays. Ce dernier, au lieu de se rendre, rassembla son armée et jura solennellement sur le Coran de résister jusqu'à la mort. En présence de cette attitude énergique, les Anglais repartirent pour Anjouan.

Quelques jours après, un navire du sultan de Zanzibar revint vers la Grande Comore et brûla trois boutres appartenant à Saïd Ali. Ce fut le signal d'une nouvelle prise d'armes de ce dernier. Il attaqua de nouveau Moussafoumon dans Isouda, en fit le siège et réduisit l'armée ennemie à la famine. Il y eut autour de la ville des batailles terribles, et Moussafoumon, exaspéré, se livra à des actes de cruauté inouïs. Il faisait piquer les têtes des prisonniers au bout de piques pour les exposer aux regards de ses sujets. Les enfants, les femmes n'étaient pas épargnés : à ces dernières, il faisait ouvrir le ventre ou couper les seins, et il se commit des horreurs indignes des peuples les moins civilisés.

Enfin, Moussafoumon fut fait prisonnier le 29 janvier 1883, et ce fut là la fin de la guerre. Quarante-sept batailles avaient été livrées et la famine ou les armes avaient fait périr plus de 20,000 hommes. Enfermé dans une prison de Mouroni, Moussafoumon mourut quelques jours après, le 6 février suivant. Saïd Ali, resté maître de la Grande Comore, fit aussitôt reconnaître sa légitimité au trône par tous les autres sultans et par le peuple.

En 1884, un naturaliste français M. Humblot fut chargé par le Ministre de l'Instruction publique d'une mission scientifique aux Comores. A son arrivée à la Grande Comore, il reçut le meilleur accueil du sultan Thibé Saïd Ali. Les indigènes au contraire eurent à son égard une attitude presque hostile : dans de nombreux villages, il eut à subir des vexations et des insultes de toutes sortes; à Baghini même, il fut emprisonné et faillit avoir la tête tranchée.

A cette époque, les Anglais et les Allemands cherchèrent à avoir une influence prépondérante sur les îles du canal de Mozambique et à circonvenir de toutes façons Saïd Ali. C'est à Anjouan que le docteur Livingstone était venu recruter des porteurs pour les explorations en Afrique;

les navires anglais venaient y mouiller de temps en temps et le sultan était l'objet de mille prévenances de la part du Consul anglais. A Mohély, c'était encore un Anglais qui avait racheté l'usine et les plantations de cannes à sucre de notre compatriote, Monsieur Lambert, dont nous aurons à parler plus tard. De leur côté, les Allemands, établis à la côte orientale d'Afrique, ne convoitaient pas seulement Zanzibar, mais aussi la Grande Comore dont ils connaissaient la fertilité et la salubrité.

M. Humblot, voyant tout l'intérêt qu'il y aurait pour la France à asseoir solidement son influence à la Grande Comore, entretint des relations de plus en plus suivies avec le sultan et parvint à lui faire accepter un traité, qui était, en quelque sorte, le prologue de notre protectorat.

Ce traité, qui fut signé le 5 novembre 1885, était ainsi conçu :

« A bord du « Boussaint », rade de Mou-
« roni, Grande Comore, 5 novembre 1885.

« Entre les soussignés, Son Altesse
« Saïd Ali ben Saïd Omar, sultan de la
« Grande Comore, et tous ses ministres,
« Mohammed ben Ahamet, Saïd Abas-
« se ben cheick Ahamet, Asman ben Ra-

« lid, Hamsa ben Saïd, Soueli ben Moham-
« med Sahaia, M' Sé ben Kalfane, Ahada
« ben Moinidjou, Mohammed ben Isa, M'
« Bam baouma ben Moiniémembo, M'
« Baié ben Asman, Tam ben Ali, Abdal-
« lah ben Ahamet, Iousouf ben Moinid-
« jou, Moizefounou ben Moussa, Ivessi
« ben M' Sihis, Abdrohamani ben Bemba,
« M' Bouana ben Moinigoma, Azirbin
« ben M' Bambaouma, Ali ben Ivessi,
« d'une part ;

« M. Léon Humblot, naturaliste fran-
« çais,
« de l'autre.

I. — Son Altesse s'engage à ne donner son pays ou à ne le mettre sous aucun autre protectorat que celui de la France.

II. — Son Altesse donne à M. L. Humblot le droit d'exploiter dans toute l'étendue de l'île toutes richesses naturelles quelconques et toutes les terres qu'il voudra mettre en culture ; ces terres sont données en toute propriété sans impôt ni location, avec faculté à L. Humblot de pouvoir, s'il le juge à propos, former une ou plusieurs sociétés pour les différentes branches de l'exploitation de l'île.

III. — Son Altesse s'engage à ne donner à personne, sans l'assentiment du dit Léon

Humblot, des terres ou le droit d'exploitation.

IV. — Son Altesse s'engage à fournir des travailleurs qui seront engagés pour cinq ans, à raison de cent francs par tête et par an.

V.— Si, dans l'avenir, le sieur L. Humblot, est arrivé à donner au pays la prospérité du travail et du commerce, Son Altesse s'engage à prendre les mesures nécessaires pour arriver dans un temps donné à abolir l'esclavage dans l'île de la Grande Comore.

VI. — Son Altesse garantit et répond des exploitations ou cultures qui pourraient être détruites par le fait de ses sujets.

VII.—L. Humblot s'engage à employer, au bout de cinq ans d'installation dans le pays, au moins cinq cents hommes ; dans le cas contraire, Son Altesse pourra donner des concessions à d'autres personnes.

VIII. — L. Humblot s'engage à donner à Son Altesse 10 o/o sur les bénéfices réalisés dans les différentes branches de l'exploitation de l'île.

IX. — L. Humblot s'engage à verser à Son Altesse, trois mois après la signature du présent traité, la somme de cinq mille piastres, qui sera remboursable sur le salaire des travailleurs.

X. L. Humblot s'engage à respecter les lois et mœurs du pays.

XI. En cas de désaccord entre les deux parts ou les héritiers de l'une ou l'autre part, les différends seront tranchés par les tribunaux français.

(Signatures des contractants
et des témoins.)

Quelque temps après la signature de ce traité, des troubles éclatèrent à la Grande Comore. Les princes Achinon et Abdallah, qui s'étaient autrefois révoltés et qui avaient quitté l'île, venaient d'y revenir; subissant des influences hostiles à notre pays, ils firent répandre le bruit que le sultan Saïd Ali avait vendu l'île à la France, et que les Français allaient arriver en masse et imposer aux indigènes leurs coutumes et leur religion.

Ces bruits, vite propagés, entraînèrent un soulèvement des Boghiniens, et Saïd Ali, surpris à l'improviste par les révoltés, dut se réfugier à Mouroni. C'est alors que deux Allemands de la Compagnie de colonisation africaine vinrent le trouver et lui proposèrent leur appui. Econduits par Saïd Ali, ils repartirent pour Zanzibar.

Le sultan, abandonné momentanément par les diverses provinces de l'île, bloqué dans sa capitale et menacé de la famine, se trouvait dans la plus grande détresse. Sur ces entrefaites on apprit que le prince Abdallah avait publiquement déchiré le pavillon français d'un boutre de Mayotte. En présence de ces événements le gouvernement français se résolut à intervenir. L'aviso le *La Bourdonnais* étant alors à Mayotte, son commandant fut chargé de porter à Saïd Ali une lettre du Président de la République et des cadeaux, puis de diriger son bâtiment vers le Mouroni pour parlementer avec les révoltés. Ceux-ci refusèrent de s'aboucher avec l'envoyé du gouvernement français et lui ordonnèrent insolemment de s'éloigner de leur camp. A la suite de cette insulte, le commandant du *La Bourdonnais* fit descendre à terre la compagnie de débarquement. M. Humblot, escorté par quelques soldats de Saïd Ali, partit lui-même en éclaireur. Malgré une défense énergique, les rebelles durent lâcher pied et la ville de Mouroni fut délivrée.

Lorsque, quelque temps après, l'aviso le

Bisson retourna à la Grande Comore, la situation politique s'était améliorée. Le prince Achinon refusait toujours de se soumettre, mais les Boghiniens restaient cantonnés dans leur province. Là encore, on vit l'Angleterre soutenir nos ennemis et apporter à Achinon des armes et des munitions. C'est alors que Foumboni, capitale de la province de Boghini, fut bombardée. Les habitants s'enfuirent dans la montagne, mais refusaient toujours de se soumettre : se déclarant protégés par l'Allemagne, ils avaient arboré le pavillon de cette nation et organisaient la résistance. Le Dr Schmidt, membre de la Société de colonisation africaine allemande, était même arrivé à la Grande Comore et s'était fixé à Boghini, où Achinon lui avait fait un accueil des plus chaleureux ; enhardi par cet appui, il revendiquait le droit de premier occupant dans la province de Boghini, qu'il prétendait être un état indépendant.

Un nouveau bâtiment de guerre, le *Vaudreuil* fut envoyé à la Grande Comore. Le prince Achinon persista dans son refus d'obéissance et fit insolemment hisser le pavillon allemand à Foumboni.

Il fallait en finir. Le ministre de la marine décida d'envoyer à la Grande Comore trois navires et deux compagnies d'infanterie de marine, qui arrivèrent dans le courant du mois de janvier 1887, sous le commandement du contre-amiral Dorlodot des Essarts. Aussitôt débarquées, les troupes d'infanterie de marine marchèrent sur Foumboni. Les habitants affolés ouvrirent les portes de la ville ; le pavillon allemand fut remplacé par le drapeau blanc et le prince Achinon ne tarda pas à venir faire sa soumission. Condamné à l'exil, il fut relégué à Diego-Suarez.

C'est alors que M. Humblot vint en France pour y constituer une société et réunir les capitaux nécessaires à l'exploitation des droits que lui conférait le traité du 5 novembre 1885. Peu de temps après, le 6 janvier 1886, le sultan Saïd Ali signait avec M. Gerville-Réache, commandant de Mayotte, un traité par lequel il reconnaissait le protectorat français.

Voici le texte de ce traité :

Entre Son Altesse Saïd Ali ben Saïd Omar, Sultan Thibé de la Grande Comore, assisté de :

Mohammed ben Achmet, premier ministre, et Abderhaman, deuxième ministre;

Et en présence des princes Saïd Bakari, Boinafoumon, sultan particulier de Missaméhouli, et Mohamadi Sidi ben Saïd Omar, frère de Son Altesse,

D'une part ;

Et le Gouvernement de la République Française, représenté par M. Gerville-Reache, commandant de Mayotte, en présence de MM. de Beausset, Roquefort Duchaine d'Arbaud, capitaine de frégate, officier de la Légion d'honneur, commandant de l'aviso de l'Etat le *La Bourdonnais*, et MM. Riche, médecin de première classe de la marine, chevalier de la Légion d'honneur ; de Lestral, sous-commissaire de la marine ; Ropars et Rouchet, enseignes de vaisseau,

D'autre part ;

Il a été convenu ce qui suit :

ARTICLE PREMIER

Le gouvernement de Son Altesse, désirant assurer l'indépendance de la Grande Comore et resserrer les liens d'amitié existant depuis longtemps entre lui et la France, déclare accorder une situation prépondérante au gouvernement français, dans les affaires de cette île, à l'exclusion de toute autre nation.

ART. 2

Il s'engage à ne céder aucune partie du territoire et à ne traiter avec aucune autre puissance, sans avoir obtenu préalablement l'assentiment du gouvernement français.

ART. 3

Son Altesse, voulant en même temps assurer la paix et la tranquillité dans ses Etats et éviter les compétitions entre les différents chefs subalternes du territoire, offre de laisser subsister les cinq sultanats existant actuellement, savoir :

1° Bambac.
2° Issouda.
3° Missamiouli.
4° Boudé.
5° Boghini.

et de conserver, à la tête de chacun, un chef qui portera le titre de Sultan et sera placé directement sous l'autorité du sultan Thibé, qui se réserve la direction spéciale du sultanat de Bambao, dont la capitale est Moroni.

ART. 4

Son Altesse prend l'engagement :

1° De ne placer ni révoquer aucun souverain de l'île sans le consentement du délégué du gouvernement français ;

2° De ne faire ni laisser faire dans ses Etats aucune guerre sans prendre l'avis de l'autorité française.

ART. 5

Pour le cas où Son Altesse viendrait à décéder, par suite de mort violente, elle entend laisser à la France le soin de régler sa succession comme elle le jugera nécessaire au bien du pays.

ART. 6

Son Altesse confirme par les présentes les concessions de terres ou autorisations d'exploiter, données précédemment aux Français à la Grande Comore, et s'engage à faciliter, dans l'avenir, l'établissement de tous ceux qui viendront y habiter.

Fait à Moroni, le 6 janvier 1886.

(Signatures)

M. Humblot, qui avait formé sa Société, revient à la Grande Comore.

Il y rencontra les plus grandes difficultés. Saïd Ali, qui jusque-là l'avait comblé de prévenances, fut le premier à lui faire une hostilité mal déguisée et notamment à l'empêcher de recruter les travailleurs dont il avait besoin. Pendant ce temps, le sultan et le Résident français étaient en désaccord, et la situation devenait très difficile : à plusieurs reprises les Comoriens avaient détruit les plantations de M. Humblot, volé ses marchandises, et devenant de plus en plus audacieux : les troupeaux de bœufs de la Société Française furent attaqués à main armée, les gardiens furent chassés à coup de sabre et le parc complètement détruit. Les indigènes, d'autre part, refusaient de vendre le moindre approvisionnement et essayaient de réduire par la famine la colonie de M. Humblot.

Ce dernier fut obligé de quitter la Grande Comore au mois de septembre 1888, à la suite d'une maladie, qui avait tous les caractères d'un empoisonnement et dont la véritable nature ne fut jamais expliquée. Les vols et les déprédations au préjudice de la Société française ne firent qu'augmenter pendant l'absence du Directeur et les réclamations faites au sultan restaient toujours sans effet.

Sur ces entrefaites, on apprit tout à coup, au mois de février 1889, que le prince Achinon s'était enfui de Diego-Suarez et, débarquant à Boghini, venait de proclamer encore une fois l'indépendance de cette province. Saïd Ali ayant imploré le secours d'un navire de guerre, l'aviso le *Beautemps-Beaupré* fut envoyé à la Grande Comore pour châtier les rebelles.

Les Boghiniens, voyant toute résistance inutile, firent aussitôt leur soumission et Achinon suivit leur exemple : quelques jours après, il traversait un village, quand un nommé Djourna, homme de confiance de Saïd Ali, le fusilla à bout portant. Le sultan célébra sa victoire en grande pompe à Foumboni, capitale de la province révoltée, et le sultan et ses ministres soumirent cette ville à une razzia complète.

M. Humblot revint à la Grande Comore en novembre 1889, avec le titre de résident honoraire et les travaux de la Société française reprirent avec activité : les plantations furent étendues, on construisit de nouveaux chemins et on installa une sucrerie à vapeur pour l'exploitation des bois. L'apaisement semblait se faire, et le sultan reprenait des relations cordiales avec M. Humblot ; mais ce calme ne fut pas de longue durée. Dès la fin du mois de juillet, une agitation commença à se produire dans la province de Bambao, habitée par le sultan, et des incendies éclatèrent successivement sur les propriétés de la Société. Bientôt, on put se convaincre que ces faits étaient dus à la malveillance. On vit en effet, un jour, le feu se déclarer simultanément dans les écuries et dans deux grands hangars isolés des cases et l'incendie, alimenté par un vent violent, détruire tout le matériel qui y était accumulé.

Quelque temps après, M. Humblot, franchissant un pont au trot de sa monture, vit tout à coup ce pont s'effondrer sous lui et reconnut qu'il avait été entaillé à la hache par une main criminelle.

Bientôt une révolte éclatait dans la province de Bambao. Les ministres se soulevaient contre Saïd Ali, se disant mécontents du règlement de la succession d'Achinon et trouvant insuffisante leur part du butin de la province de Boghini. La situation du résident et des colons de la Grande Comore devenait de plus en plus critique : tous les travaux de la Société avaient été abandonnés ; les engagés Comoriens étaient partis dès le commencement de la révolte, et M. Humblot avait dû organiser la défense avec les Makouas qui lui étaient restés dévoués. Ces Makouas noirs, affranchis de la race africaine, ne sympathisaient pas avec les Comoriens, fiers de leur origine arabe : de là des difficultés de chaque jour.

Au mois de février 1891, à la suite de la mort du sultan Abdallah, une révolution avait éclaté à Anjouan. Le résident de cette île abandonna aussi l'île et se réfugia à Mayotte. Le contre-coup de l'insurrection anjouannaise ne tarda pas à se faire sentir à la Grande Comore et porta à son comble l'arrogance des ministres révoltés de Bambao. Dans la nuit du 23 février, Saïd Ali, complètement affolé, s'enfuit de Mouroni, déguisé en femme, et s'embarqua secrètement à bord d'un petit boutre qui le conduisit à Mohély : de là, il gagna Mayotte ; son départ fut le signalement du soulèvement de toutes les provinces, qui proclamaient à leur tour leur indépendance ; l'anarchie la plus complète régna dans l'île. C'est alors que, sur un ordre venu directement du sous-secrétariat des colonies, l'aviso le *Boursaint* vint, le 17 mars, à la Grande Comore, apportant des armes et des munitions. Les opérations militaires devaient commencer à Anjouan et être continuées à la Grande Comore; mais l'expédition entreprise en avril à Anjouan fut plus longue et plus difficile qu'on ne l'avait prévu et ne put être terminée qu'à la fin du mois de juin.

Le commandant de la division navale déclara alors que la saison n'était plus propice à un débarquement de troupes et que les opérations ne pourraient recommencer qu'au mois d'avril de l'année suivante.

Emu de la situation, le ministre de la marine donna l'ordre d'envoyer à la Grande Comore 50 hommes d'infanterie de marine qui seraient mis à la disposition du résident pour le protéger. Ce ne fut que le 15 août que ce détachement arriva sous le commandement du capitaine Dubois; et, le 27 août, les Comoriens, rendus de plus en plus audacieux par les lenteurs de la répression, venaient en masse attaquer le village de la scierie de la Société française. La Compagnie d'infanterie de marine et les travailleurs armés de la Société se mirent aussitôt en marche et rejoignirent les insurgés. Ceux-ci furent repoussés, puis poursuivis et finalement délogés des deux villages où ils s'étaient successivement retranchés.

La rapidité et l'habileté avec lesquelles cette opération avait été conduite avaient profondément impressionné les rebelles, et les ministres ne tardèrent pas à faire leur soumission. Le capitaine Dubois imposa, comme première condition de la paix, un désarmement complet.

La remise des armes commença le 3 septembre. Le gouverneur de Mayotte vint à la Grande Comore le 15 septembre pour recevoir à son tour la soumission des rebelles, dont les principaux chefs étaient conduits à Mayotte, et, le 19 novembre, Saïd Ali, que le *Boursaint* avait été chercher, rentrait à la Grande Comore.

Bientôt après, en janvier 1892, le sultan signait avec le gouverneur de Mayotte un nouveau traité qui abolissait l'ancien régime comorien et réorganisait complètement le pays. Le Conseil des Ministres était supprimé, et, à côté de l'autorité du sultan, était établie celle du résident, dont les pouvoirs étaient étendus et mieux définis. L'organisation judiciaire était complètement modifiée ; la réquisition arbitraire était remplacée par un impôt fixe de capitation et l'on instituait une police confiée au résident.

Une des grosses difficultés de la nouvelle

organisation financière était la rareté de l'argent. Avant l'établissement de la Société française, tout le commerce se faisait dans l'île par voie d'échange. Les colons français avaient bien apporté la monnaie dans le pays, mais cette monnaie avait été drainée par des commerçants indiens qui étaient venus l'y récolter. C'est alors que M. Humblot s'engagea vis-à-vis du gouverneur de Mayotte à faire tout ce qu'il pourrait pour mettre de l'argent en circulation. Il paya désormais ses travailleurs en espèces au lieu de les payer comme auparavant en nature : il fit tous ses achats au comptant, accepta des engagements de courte durée pour les Comoriens et, finalement, décida que cet impôt pouvait être soldé en nature.

Pendant ce temps, Saïd Ali, dont le dernier traité avait beaucoup réduit les prérogatives, supportait difficilement de voir grandir l'influence du résident français et lui faisait une hostilité mal dissimulée. C'est alors que M. Humblot et les siens furent l'objet d'une série d'attentats, où chacun crut aussitôt reconnaître la main de Saïd Ali. Le 13 juin 1893, la case du résident était incendiée. Le 22 juin, son beau-frère, M. Legros, qui habitait avec lui, était frappé, à 11 heures du soir, d'un violent coup de sagaie à quelques mètres de son habitation. M. Legros fut grièvement blessé; mais, revenu à lui, il désigna son assassin, que la clarté de la lune lui avait permis de reconnaître : c'était un nommé Djouma, garde de police du résident, homme dévoué corps et âme à Saïd Ali, qui l'avait recommandé à M. Humblot. Djouma, reconnu coupable, fut condamné à mort.

Très peu de temps après, le 2 août, ce fut M. Humblot lui-même qui fut victime d'une audacieuse tentative d'assassinat. Il venait de visiter des plantations et se dirigeait vers le camp, quand, au tournant brusque d'un chemin, un homme caché derrière un arbre se précipita sur lui et lui porta au côté droit un terrible coup de sagaie.

Au même instant, un autre assaillant, qui s'était dissimulé de l'autre côté du chemin, frappait M. Humblot à l'épaule avec son sabre, tandis qu'un troisième complice, resté en arrière, sortait de la brousse. Le résident français, malgré les profondes blessures qu'il venait de recevoir, eut l'énergie nécessaire pour se saisir de son revolver et de le décharger sur ses assassins, qui prirent la fuite ; puis, retirant de sa plaie le fer de la sagaie, dont le manche avait été brisé, il put encore se traîner jusqu'à la case d'un gardien. A force de soins dévoués, M. Humblot put échapper à la mort. Il avait reconnu ses trois assassins : Amadi Moilimou, Kari et Tamou. C'étaient tous des familiers du Sultan. L'un d'eux, Tamou, était un ancien général de Saïd Ali, qui, déjà condamné à l'exil pour assassinat d'une jeune femme, avait pu réussir à s'échapper.

Le bruit ne tarda pas à se répandre dans l'île que le résident avait été frappé par ordre du Sultan. Plusieurs circonstances semblant confirmer le fait, le gouverneur de Mayotte fut envoyé à Mouroni afin de procéder à une première enquête. Il y eut contre Saïd Ali des témoignages accablants, et le gouverneur l'invita à rembarquer à bord de la canonnière le *Sagittaire* qui le conduisit à Mayotte. A la suite d'une nouvelle enquête, la déchéance de Saïd Ali fut prononcée au mois de décembre dernier, et actuellement l'ancien Sultan de la Grande Comore, envoyé à Diego-Suarez, y attendra la décision définitive du gouvernement français.

On voit combien de graves événements se sont succédé en peu de temps à la Grande Comore. Peu de grands pays ont eu une histoire aussi mouvementée que cette petite île du canal de Mozambique.

ANJOUAN

Description géographique. — Climat.

L'île d'Anjouan est située entre 12°5' et 12°22' de latitude Sud et entre 41°55' et 42°12' de longitude Est, à 40 milles au S.-E. de la Grande Comore et à 24 milles à l'Est de Mohély. Sa forme est celle d'une équerre, et elle a environ 30 milles d'étendue en tous sens. Sa superficie est de 378 kilomètres carrés.

Le sol de cette île est des plus accidentés. On y rencontre une série de petites chaînes de montagnes très escarpées et très boisées, dont la plus élevée atteint 2,000 mètres. Les vallées n'y sont pas étendues, mais profondes : arrosées par de nombreuses rivières, elles sont d'une remarquable fertilité.

On rencontre à Anjouan un assez grand nombre de lacs situés dans d'anciens cratères. Ce sont probablement ces lacs qui alimentent les petites rivières de l'île. La côte est presque partout à pic. Anjouan n'a pas de port, et le bassin qui est près de Pomoni est trop dangereux pour qu'on puisse y entrer avec de gros navires ; mais, en revanche, on y trouve de très bons mouillages.

On y a découvert également plusieurs sources d'eaux minérales sulfureuses.

Les nombreux marécages existant aux embouchures des cours d'eau provoquent des fièvres pernicieuses, et, bien que le pays soit salubre en beaucoup d'endroits, le climat d'Anjouan est assez défavorable aux Européens. La température y est pourtant très modérée. Elle est en général de 20 à 25° dans la journée et de 8 à 15° pendant la nuit.

***

Historique

L'île d'Anjouan a été habitée vers 1100 ou 1200 par les Portugais, puis abandonnée, et enfin repeuplée de nouveau par les chirosias, venus de la Grande Comore vers 1500.

Il n'y eut au début que des chefs indépendants qui portaient le titre de phani. Bien que l'histoire de cette époque soit assez incertaine, il paraît pourtant établi que l'île fut alors ensanglantée par de grandes guerres qui éclatèrent entre les Sakalaves et les Betsmitsaacs. Plusieurs villes furent détruites, leurs habitants massacrés ou emmenés comme esclaves à Madagascar.

Vers 1700, vint de Chiraz en Perse un prince du nom d'Assini, qui épousa la princesse Ali, fille du dernier phani. Cette princesse avait un frère plus jeune qu'elle, nommé Magnali.

Le prince et la princesse Assini eurent beaucoup d'enfants. Il en fut de même de Magnali. De là, différentes branches qui régnèrent. Les descendants du prince et de la princesse Assini étendirent leur domination sur Omoni, et ceux de Magnali sur la ville de M'Samoudou. Un petit-fils du prince Assini épousa une princesse de Patta, de la tribu des Somalis située sur la côte d'Afrique, au nord de Zanzibar. De cette union, naquit un enfant mâle du nom de Maouana Daoussi, qui prit le premier le titre de Sultan.

Puis, il y eut, disent les anciens, nombreux sultans et sultanes qui régnèrent jusqu'au commencement de ce siècle.

En 1801, Anjouan servit de lieu de relégation à 32 déportés politiques, impliqués dans le complot dit de la *machine infernale*, dirigé contre le premier consul. Ils devaient « aider à la colonisation des Seychelles » et, en même temps, « changer de principes et revenir de leurs erreurs ». On ne sait au juste ce qu'ils devinrent. Les uns, paraît-il, moururent peu de temps après leur arrivée. D'autres, partis par boutres pour la Grande Comore, auraient été massacrés à leur débarquement, et, en peu d'années, tous auraient péri.

Après ces événements, l'île tomba sous l'autorité d'un certain Abdallah, qui épousa une princesse de la famille régnante et devint roi d'Anjouan, de Mayotte et de Mohéli. Il eut même des droits sur une partie de la Grande Comore. En 1816, l'île eut beaucoup à souffrir des incursions des Malgaches. Les Anjouanais sollicitèrent des secours au gouverneur de l'île Bourbon, mais le ministre de la marine refusa de faire droit à cette demande, et, chaque année, à époques presque périodiques, le territoire d'Anjouan fut livré au pillage ; aussi, les habitants du pays, découragés, abandonnèrent-ils peu à peu la culture de leurs terres et tombèrent dans l'apathie qui est restée le fond de leur caractère.

Vers 1835, divers partis firent une guerre acharnée à Abdallah. Il fut fait prisonnier et mis à mort dans un combat qu'il livra à Mohély, cette île ne voulant plus rester sous sa domination. A sa mort, Anjouan perdit de son importance ; Mayotte devint française et Mohély indépendante.

Le fils d'Abdallah, Allaoui fut nommé sultan à M' Samoudou ; mais un de ses oncles, nommé Salime, soutenu par un parti puissant, chercha aussitôt à le renverser. La guerre dura 5 ans ; elle se termina par la victoire de Salim, qui se fit proclamer sultan d'Anjouan vers 1840.

Abdallah II, son fils, lui succéda en 1850. A peine arrivé au pouvoir, il chercha à étendre sa suprématie sur tout le groupe des Comores ; dans ce but, il se constitua une armée de plusieurs milliers 6e soldats et une flotte de boutres spécialement destinés à la guerre. Il prit une part active à la plupart des révolutions intérieures qui éclatèrent depuis cette époque dans les Comores. Nous le voyons d'abord, en 1870, prêter son appui à Moussafoumou, sultan de la Grande Comore, pour faire la guerre aux autres chefs de cette île. Plus tard, en 1878, c'est contre Moussafoumon lui-même qu'il offre le concours de ses armes à Saïd Ali ; celui-ci, victorieux, s'empara de son compétiteur et le fit mettre à mort. Cette guerre avait duré 7 ans.

Abdallah II, devenu sultan Thibé de l'île d'Anjouan, ne tarda pas à entrer en lutte contre son ancien allié, Saïd Ali. Ce dernier n'ayant pas acquitté les frais de guerre, Abdallah II se dirigea avec sa flotte vers la Grande Comore pour débarquer à Mourouni. Saïd Ali, ainsi menacé, s'acquitta envers son créancier et celui-ci rentra à Anjouan.

A son retour, Abdallah II eut à réprimer un soulèvement qui avait été suscité pendant son absence par un de ses frères. Il s'adressa à l'Angleterre, qui, par des traités antérieurs, s'était engagée à lui prêter main forte en cas de révolte dans ses Etats : il n'en essuya pas moins un refus formel. Malgré ce mécompte, il put arriver à faire prisonnier son frère et à pacifier les Comores.

Continuant la même politique, Abdallah II envoya des troupes à Mohély et à la Grande Comore, pour prendre part aux luttes de partis qui divisaient chacune de ces îles en plusieurs camps ennemis. On lui avait promis en échange de son concours de le reconnaître comme chef des trois îles, ce qui avait toujours été le mobile de tous ses actes. Sur ces entrefaites, le consul anglais qui soutenait Abdallah II, M. Senley, vint à mourir, et presque en même temps une banque de l'île Maurice, qui lui prêtait un appui financier, tomba en faillite. Ce fut alors que le sultan d'Anjouan songea à se placer sous le protectorat de la France. Le traité, assurant ce protectorat, fut signé le 21 avril 1886 entre M. Gerville-Réache, au nom du gouvernement français, et le sultan Abdallah II.

Ce traité était ainsi conçu :

Le Gouvernement de la République française dûment représenté par M. Gerville-Réache, commandant de Mayotte, et Son Altesse Abdallah ben sultan Salim, sultan d'Anjouan, intervenant directement, soucieux du développement de la prospérité du sultannat d'Anjouan, ont décidé de consacrer par les conventions suivantes les relations d'amitié existant entre eux depuis longtemps et d'assurer la prépondérance de la France à Anjouan.

Article premier

Son Altesse, assistée de son conseil des ministres, déclare placer l'île d'Anjouan sous la protection de la France. Elle s'engage et engage par le fait ses successeurs à ne jamais traiter avec aucune nation et à n'accorder aucun privilège aux étrangers sans le consentement de la France.

ART. 2

Les sujets de Son Altesse pourront en toute liberté entrer, résider, circuler et commercer en France et dans les colonies françaises, dans les mêmes conditions que les colons français ; d'autre part, les Français jouiront de la même liberté dans les Etats de Son Altesse.

ART. 3

Le sultan prend l'engagement de fournir aux industriels français qui voudraient s'établir à Anjouan les terres dont ils auront besoin pour leurs exploitations dans la limite du domaine dont il pourra disposer.

ART. 4

Les différends qui pourraient s'élever entre les citoyens français et les anjouanais seront jugés par les tribunaux français.

ART. 5

Les droits des étrangers actuellement établis dans l'île demeurent réservés sans qu'en aucun cas le gouvernement français puisse être responsable de l'exécution des faits et conventions antérieurs. S'il y avait contestation au sujet de ces faits et conventions le gouvernement de la République sera pris pour arbitre.

ART. 6

Les bâtiments anjouanais seront traités dans les ports français comme les navires français. Les mêmes avantages seront accordés aux navires de la République qui rentreront dans un port dépendant des Etats de Son Altesse.

ART. 7

En vue d'assurer la tranquillité à Anjouan et de permettre la succession régulière au trône conformément aux usages du pays, le sultan fait choix pour son successeur du prince Salim ben Abdallah, son fils aîné, et, en cas de décès de ce dernier avant son avénement au sultanat, de Abdallah ben Salim, fils aîné de Salim. Enfin le gouvernement français, devra régler la succession au trône dans le cas où les dispositions prises par Son Altesse ne pourraient recevoir leur effet et qu'il n'y aurait aucun héritier direct et immédiat dans sa famille.

ART. 8

Le sultan promet de continuer à assurer à chacun de ses frères des moyens d'existence.

ART. 9

Pour mettre fin aux guerres civiles qui désolent Anjouan depuis de longues années, le gouvernement et Son Altesse déclarent que toute personne, qui aura pris les armes contre un pouvoir constitué, sera considérée comme rebelle et jugée conformément aux lois du pays.

ART. 10

Le gouvernement de la République s'engage à ne donner asile à aucun sujet anjouanais, qui, reconnu par lui en état de rébellion, viendrait à se réfugier en France, à Mayotte ou dans toute autre possession française.

ART. 11

Son Altesse prend l'engagement de ne porter les armes dans aucune des îles des Comores et de ne prêter à aucun parti aide et assistance sans l'approbation du commandant de Mayotte.

ART. 12

Le Sultan déclare qu'il n'existe dans son royaume et aucune autre puissance un acte pouvant vicier le caractère de la présente convention.

ART. 13

Le Sultan s'engage à prendre les dispositions nécessaires en vue de l'abolition de l'esclavage dans ses Etats.

ART. 14

Le présent contrat, qui sera définitif après l'approbation du gouvernement de la République, a été signé en présence : d'une part, de MM. Brion, lieutenant de vaisseau, commandant du *chanal;* de Lestrac, sous-commissaire de la marine; Gauthier et Lesquivit, enseignes de vaisseau ; Deslandes, médecin de 2e classe de la marine ; d'autre part, de Salim ben sultan Abdallah, Mohamed ben sultan Salim, etc., etc.

Fait en trois expéditions à Moussa Mondon (Anjouan), le 21 avril 1886.

Signé : Gerville-Réache, Brion, Deslandes, Gauthier, de Lestrac, Lesquivit.

L'interprète du gouvernement, signé : Bonali Combo. Abdallah II mourut en 1891. On sait qu'aussitôt après, la guerre civile éclata dans l'île et que ce fut le prince Saïd Omar, frère de l'héritier direct, qui monta sur le trône. A sa mort, survenue le 16 avril 1892, le prince Saïd Mohammed lui succéda.

***

Population. — Mœurs des habitants

La population de l'île d'Anjouan est d'environ 15,000 âmes. Elle est répartie entre 3 villes : M' Samoudou, capitale de l'île, *Ouani*, *Damoni*, et une centaine de villages.

M' Samoudou a 4,000 habitants environ. C'est une cité entourée de murailles irrégulières et de tours carrées avec d'étroites poternes, le tout dominé par une citadelle brûlante.

Le type arabe est moins bien conservé à Anjouan qu'à la Grande Comore, et la race du pays se compose d'un mélange de Soualis, de Malgaches et surtout d'Africains. Le tiers environ des esclaves vient d'Afrique ou de la Grande Comore.

La classe pauvre vit de bananes, de patates, de manioc, de maïs et surtout d'une espèce de racine, *calodium violaceum*, qui pousse sur toutes les collines et au bord des cours d'eau.

La classe moyenne, sale et paresseuse, habite de grands villages dans les montagnes. Quant à l'aristocratie, elle se distingue par son amour de l'élégance : vêtus de longues robes en drap galonnées d'or, les gens de la classe élevée cherchent à se faire remarquer par la richesse de leur costume.

Les mœurs et la religion sont les mêmes qu'à la Grande Comore, et le peuple est des plus fervents.

***

Productions de l'île

Les extrémités des montagnes sont garnies de forêts, où règne une admirable végétation de mousse, d'orchidées, de fougères, etc... et de toutes sortes de plantes très curieuses, ayant une grande valeur au point de vue de la botanique. Les arbres en général ne sont pas gros et diffèrent de ceux de la Grande Comore.

Les indigènes se livrent à la culture des plantes alimentaires, telles que les patates, le riz, etc... La culture de l'arachide a été introduite dans l'île et donne de très bons résultats. Quant au caféier, il prospère pendant quelque temps et rapporte alors beaucoup. Mais sa vie est de courte durée. La culture de la canne à sucre y a très bien réussie.

On ne trouve pas à Anjouan d'animal malfaisant. Les makis (*Lemur Albimanus*) y vivent par grandes compagnies qui ne sortent que le soir. Ces compagnies ne se mélangent pas entre elles et se font une guerre implacable. On profite même de cette hostilité réciproque pour chasser les makis. Pour cela, on en attache un à une longue corde et on le lâche au milieu d'un autre troupeau ; il est aussitôt entouré, et tous les autres makis, reconnaissant un ennemi, se jettent sur lui avec fureur ; il est alors facile de les prendre au moyen de cordes fixées à des bâtons.

Les magnifiques pâturages de l'île nourrissent des bœufs d'excellente qualité qui donnent lieu à un grand commerce d'exportation.

Les chats sauvages sont très nombreux. On rencontre aussi dans l'île le tanrac, qui est le même que dans les îles voisines. Les chauves-souris y atteignent de très grandes dimensions ; celles de l'espèce dite *Ptéropus Livingstone* ont jusqu'à 1 m. 30 d'envergure.

Les oiseaux sont assez rares, à cause de

la guerre continuelle que leur font les chats sauvages ; mais il y a un grand nombre de petits hiboux (*Scops menodensis*) dont la singularité consiste dans le cri : ils sifflent au lieu de roucouler.

Commerce et Industrie

De toutes les Comores, Anjouan est l'île qui fait le plus de commerce. Les navires qui passent par le canal de Mozambique viennent y faire leur provision d'eau et de vivres, et, pendant longtemps, les Anglais y ont eu un dépôt de charbon.

Anjouan est le rendez-vous de tous les petits bâtiments américains qui viennent pêcher la baleine dans ses parages.

On y trouve 20 à 25 caféières appartenant à des indigènes et trois sucreries très importantes. La sucrerie de Bambao a été de beaucoup la plus considérable ; fondée par le Sultan Abdallah II, elle a bien perdu de sa prospérité, mais emploie encore malgré cela un assez grand nombre de travailleurs. L'usine de Pomoni, installée, il y a 40 ans environ, par un Anglais, M. Sunley, produit de 7 à 800 tonneaux de sucre. Quant à la sucrerie de Patsi, dont le propriétaire est un Américain, M. Wilson, sa production est d'environ 500 tonneaux.

MOHÉLI

Description géographique. — Climat.

L'île de Mohéli est située entre le 12°15' et 12°25' de latitude sud et entre 41°22' et 41°37' de longitude Est, à 10 lieues au S.-E. de la Grande Comore. Sa longueur est d'environ 25 kilomètres et sa largeur de 18 kilomètres. Ses montagnes se composent d'une série de mamelons superposés, dont la plus haute altitude ne dépasse pas 600 mètres : elles sont boisées à partir de leur base jusqu'à 2/3 de leur hauteur et couvertes de grandes herbes à leur sommet.

Le sol est arrosé par de nombreux ruisseaux ou rivières. Ses côtes sont entourées de bancs de coraux qui tiennent aux assises de l'île et s'étendent sur plusieurs points à 1 mille au large.

Les gaz delétères qui s'échappent des rivages font de Mohéli une île très insalubre.

***

Historique

L'Histoire de Mohéli, à son origine, n'est pas très connue. Il paraît établi cependant que ses premiers habitants furent des noirs venus d'Afrique, mais l'on n'est guère fixé sur l'époque de leur immigration. Plus tard des Arabes et des Malgaches vinrent s'y fixer.

Au commencement du seizième siècle, des Chiraziens débarquèrent à Mohéli sous la conduite d'un des fils du sultan Mohamed ben Haïssa. Quelques années plus tard, l'île tomba sous la dépendance d'Anjouan ; mais cette dépendance parait avoir été toujours plutôt nominale qu'effective. Ce qui, en tout cas, ne fait pas de doute, c'est que, dès les premières années du XVIe siècle, les Arabes devinrent complètement maitres de Mohéli.

En 1561, un vaisseau anglais, commandé par Jacques Lancaster et chargé d'un voyage d'exploration, vint aborder dans l'île. Le roi du pays alla rendre visite à Lancaster à bord de son navire. « Il était, dit Walkenaer, dans son *Histoire des voyages*, accompagné de plusieurs Arabes d'une belle taille : il portait une robe de satin cramoisi. »

Un des officiers anglais, compagnon de Lancaster, ayant voulu visiter la ville sur l'invitation du roi, descendit à terre avec 30 hommes de l'équipage. A peine avaient-ils fait quelques pas sur le sol mohélian, qu'une troupe d'indigènes fondit sur eux et les massacra, avant que le navire ait pu leur porter secours. Les Anglais partirent sans pouvoir venger leurs malheureux camarades et gardèrent depuis lors, on le comprend sans peine, un grand sentiment de méfiance vis-à-vis la race mauresque.

Environ quarante ans après, Georges Spielberg vint à Mohéli avec deux vaisseaux de la Compagnie Hollandaise et y fit un séjour de plus d'un mois. Il s'établit des relations très cordiales entre le commandant hollandais et le prince arabe, qui gouvernait en ce moment l'île au nom de la reine d'Anjouan. « C'était, dit la rela-
« tion, un homme d'expérience qui avait
« voyagé en Arabie et en d'autres lieux.
« Il allait tous les ans faire quelque tour
« au Continent. Il parlait passablement
« portugais et avait vu jouer des instru-
« ments, car il demandait si on avait des
« clavecins et particulièrement des har-
« pes. Il s'entretint avec le général de di-
« verses choses. Il entendait bien l'art de
« la navigation et désira voir notre carte.
« On la lui apporta avec un globe et il y
« marqua tous les principaux points des

« Indes Orientales. On connaissait aussi « qu'il avait fréquenté la Mer Rouge et « qu'il en avait toutes les connaissances « qu'on pouvait avoir. »

Confiants dans l'amitié du prince et des indigènes, les matelots hollandais se rendaient chaque jour à terre et parcouraient l'île en toute liberté. La veille du jour fixé pour le départ, deux officiers et quinze hommes étaient descendus pour préparer des bœufs et pour faire conduire un mât taillé dans les forêts des environs ; en même temps, une chaloupe montée par onze hommes était allée faire de l'eau à une rivière qui coule à 2 kilomètres de Fomboni.

Ces vingt-huit Hollandais ne revinrent jamais à bord et les deux navires durent partir sans les retrouver. Ils avaient sans doute été massacrés comme l'avaient été les compagnons de Lancaster en 1561.

Il paraît résulter de la tradition qu'à partir du XVIIe siècle Mohéli fut le siège de guerres très sanglantes, mais ce n'est guère qu'à partir du commencement du XIXe siècle que l'histoire de l'île peut être nettement établie.

Radama, roi des Hovas, mourut en 1828. Le premier soin de Ranavalon, sa veuve, fut de faire périr tous les parents du défunt. L'un d'eux, Ramanétak, beau-frère de Radama, put seul s'échapper du massacre. Il s'enfuit, avec un certain nombre de Hovas, de Mouzangaïe, port de la côte Ouest de Madagascar, dont il était gouverneur, et vint se réfugier à Anjouan, où le sultan Abdallah lui offrit l'hospitalité. Il finit par accaparer la souveraineté de Mohéli, et, embrassant l'islamisme, il prit le nom de Abd-er-Rahman. Il mourut en 1842, laissant deux filles très jeunes, dont l'aînée, Djoumbé-Soudi, devait lui succéder. Il les avait recommandées à ses principaux partisans et notamment à un de ses anciens esclaves, qui avait toute sa confiance, le Cafre Tsi-Vandini ; il leur avait de plus cherché un protecteur dans la personne de son coréligionnaire, le vieux Seïd-Saïd, sultan de Zanzibar.

A peine Ramanétack était-il mort, que Seïd-Saïd voulut mettre la petite reine Djoumbé dans son harem et acquérir, en même temps que le titre d'époux, des droits éventuels sur la souveraineté de Madagascar. Tsi-Vandini avait été gagné à prix d'argent, et, en 1847, Djoumbé serait certainement partie pour Zanzibar, si un bâtiment de guerre français n'était venu lui promettre la protection de la France et reconnaître l'indépendance de l'île. Plus tard, le 23 mai 1849, la frégate la *Reine Blanche* et la corvette à vapeur le *Cassini* mouillaient devant Fomboni pour remettre solennellement à la reine une couronne, emblème de sa royauté. M. Jouan, un officier de marine qui faisait partie de la mission, donne sur cette cérémonie des détails très intéressants.

« Le lendemain de notre arrivée, dit-il, « et de bon matin, le commandant et les « officiers descendirent à Fomboni en « grand uniforme. Nous fûmes reçus sur « la grève par une garde de 100 à 120 « noirs armés de fusils avec leurs baïon- « nettes, uniformément vêtus de blouses « bleues et coiffés de bonnets pointus « blancs ornés d'une petite houppe qui les « faisait peut-être trop ressembler au clas- « sique bonnet de coton. Cette compagnie « exécuta des maniements d'armes avec « une précision parfaite et se mit en mar- « che avec la régularité de la troupe la « mieux exercée. Les commandements « étaient faits en anglais : on retrouvait là « les traditions des armées de Radama, « dont Ramanétak avait été un des meil- « leurs lieutenants.

« On nous fit passer sous une porte
« voûtée, puis nous grimpâmes par une
« échelle de meunier dans une salle ou
« plutôt dans une sorte de corridor enfumé,
« au fond duquel étaient assises deux
« jeunes filles de couleur, âgées de douze
« à quatorze ans, assez mal coiffées et ha-
« billées à l'européenne : c'étaient la reine
« et sa sœur. A côté d'elles se tenaient des
« notables arabes et antalotes, des femmes
« hovas et une Indienne de Pondichéry,
« Mme Drouet, veuve d'un armurier fran-
« çais mort au service de Ramanétak.
« Cette dame s'était attachée aux deux
« jeunes filles et avait entrepris leur
« éducation : elle leur apprenait à lire et
« à écrire en français, un peu d'histoire et
« de géographie. Elle avait bien envie de
« les convertir au christianisme, mais la
« jalousie qu'elle inspirait aux Arabes in-
« fluents l'obligeait à la plus grande cir-
« conspection. Des missionnaires catho-
« liques venus de Mayotte et un ministre
« protestant hova n'avaient pas eu plus de
« succès qu'elle.

A partir de ce jour, Djoumbé Fatouna prit le pouvoir en main, et l'influence de Mme Drouet auprès de la jeune souveraine ne fit qu'augmenter. Les chefs arabes s'en émurent; malgré la résistance qu'opposa tout d'abord la reine à leurs agissements, ils finirent par arriver à leur but à force de calomnies, de prières et même de menaces; et, en 1851, Mme Drouet, embarquée sur un boutre, fut exilée à Mayotte, où elle ne tarda pas à mourir. La puissance de la reine fut, dès lors, presque annihilée : les chefs arabes gouvernèrent à sa place et lui firent épouser un cousin du sultan de Zanzibar Saïd Mohamed. Djoumbé, une fois mariée, prit le voile et le masque et vécut complètement de la vie des femmes arabes, laissant toute autorité à son mari. Celui-ci commit tant d'exactions que, chassé par ses sujets, il dut se retirer vers 1860 à la Grande Comore, où il mourut en 1864.

Après le départ de Saïd Mohamed, Djoumbé avait repris le pouvoir. C'est alors qu'un missionnaire catholique, le P. Finaz, et un créole, M. Arnaud, vinrent s'installer à Mohéli : le premier voulait convertir la reine au catholicisme et le second entreprendre des cultures dans l'île. La population se souleva contre eux, et ils furent bientôt forcés de partir. Un bâtiment de guerre français, la *Seine*, fut alors envoyé à Mohéli par le gouverneur de Mayotte, et les trois ministres ayant provoqué l'expulsion de nos nationaux furent arrêtés et internés.

Plus tard, en 1864, un Français, M. Lambert, à qui, en échange de différents services, Radama II avait conféré le titre de *duc d'Emyrne*, vint s'établir dans l'île. Djoumbé Fatourna le reçut très amicalement et lui concéda aussitôt, par traité, à des conditions très avantageuses, 2,000 hectares de terres près de Fomboni, avec le droit de faire des plantations dans toute l'île, moyennant une certaine redevance : elle ne se réservait que la partie Sud, voisine de Numa-Choa et la vallée de Zouala.

Tout semblait marcher pour le mieux. Les exploitations de M. Lambert augmentaient considérablement les revenus de la reine qui, aimant plus que jamais les honneurs, jouait à la grande souveraine. « Quand ses dames de compagnie entraient « dans le salon où elle se tenait, dit M. « Gevrey, elles se prosternaient et se traî- « naient sur les genoux jusqu'à la reine, « puis sortaient de la même manière. » Dans les cérémonies publiques, elle avait toujours une escorte nombreuse : elle se faisait accompagner de ses deux enfants,

Mohamed et Mahmoud, qui étaient toujours vêtus à l'arabe, la tête rasée et coiffés de calottes couvertes de broderies d'or.

On considérait la reine comme une amie dévouée de la France, et, lors d'un voyage de l'*Indre* à Mohéli, en mars 1867, Djoumbé Fatourna vint faire une visite solennelle au commandant français. Elle arriva en palanquin, sous un grand parasol, protégée par un détachement de soldats mitrés et entourée de ses dames de compagnie. Elle avait, pour la circonstance, un costume des plus riches : une robe de soie rouge avec corsage de velours vert brodé d'argent, et un grand voile de soie rouge fixé sur sa tête par un diadème d'or. L'entrevue fut des plus cordiales et semblait cimenter l'amitié existant entre la France et la souveraine de l'île Mohéli.

Cette attitude amicale de la reine cachait une trahison. Pendant qu'elle nous prodiguait ces preuves d'affection et de dévouement, elle négociait secrètement la cession de Mohéli au nouveau sultan de Zanzibar, Saïd Medjid, successeur de Seïd-Saïd. Elle profita d'un voyage de M. Lambert à la Réunion pour abdiquer en faveur de son fils Mohamed et tourner ainsi la difficulté résultant du traité passé avec notre compatriote. Les chefs arabes, instigateurs de cette manœuvre déloyale, s'apprêtèrent à empêcher M. Lambert de débarquer lors de son retour; ils réparèrent leur modeste artillerie, fortifièrent le mur d'enceinte et armèrent une corvette de 12 canons, ayant 200 hommes à bord. Lorsque l'*Indre* ramena M. Lambert à Fomboni, dans les premiers jours de novembre 1867, il dut rebrousser chemin pour aviser de la situation le commandant supérieur de Mayotte. L'*Indre* et l'aviso le *La Bourdonnais* revinrent à Mohéli. Le premier de ces vaisseaux avait à bord un lieutenant de vaisseau, M. Pompon, porteur d'un ultimatum. Djoumbé refusa de recevoir notre envoyé et le fit jeter à la porte du palais par ses esclaves en présence de l'agent de Zanzibar et des chefs arabes; en même temps, elle fit fermer les portes de la ville et battre le tam-tam de guerre.

Malgré toutes les tentatives de conciliation, la reine refusa de s'exécuter. On bombarda Fomboni, et la plus grande partie de la ville ne fut plus qu'un monceau de ruines. Djoumbé et la plupart des habitants prirent la fuite.

C'est alors que le sultan de Zanzibar, continuant la comédie qu'il ne cessait de jouer depuis plusieurs années, ordonna à Djoumbé de faire la paix avec la France et de respecter les conventions passées avec M. Lambert. Le fils de la reine, Mohamed, fut solennellement couronné et proclamé roi au nom du sultan de Zanzibar, et, quelques jours après, dans le courant de décembre 1867, Djoumbé s'embarqua pour Zanzibar ; elle y demeura quelque temps, puis revint à Mohéli, où elle mourut en mai 1878.

Le nouveau souverain n'était âgé que de dix ans à peine. L'anarchie la plus complète régna dans l'île, et il fallut laisser en permanence un détachement de marins pour garder l'habitation de M. Lambert. Bientôt, les chefs arabes, mécontents de l'attitude des agents du sultan de Zanzibar, nouèrent des relations assez cordiales avec M. Lambert, et, au passage de l'aviso le *Régent*, en mai 1868, ils proclamèrent solennellement Mohamed sultan indépendant de Mohéli, s'affranchissant complètement de la suzeraineté de Saïd Medjid. La sécurité revint peu à peu à Mohéli, et M. Lambert put reprendre ses travaux.

On sait qu'à la mort de Mohamed, le Conseil des Ministres, par traité en date du 26 avril 1886, plaça Mohéli sous le protectorat de la France.

Voici le texte de ce traité :

« Après quelques paroles aux chefs,
« quelques recommandations sur leur con-
« duite future à l'égard de la reine, le
« commandant de la *Reine Blanche* mit la
« couronne sur la tête de celle-ci, en la
« proclamant souveraine indépendante de
« Mohéli. Sa sœur, Tsi-Vandini et les au-
« tres chefs reçurent des cadeaux. Les
« pauvres petites impressionnées par la
« vue des visages blancs qui n'étaient pas
« communs tous les jours à Fomboni, par
« la musique de la frégate qui jouait dans
« la cour et par ce cérémonial tout nou-
« veau pour elles, ne savaient trop quelle
« contenance garder. La reine surtout,
« avec sa figure brune et sa couronne
« de vermeil, ressemblait à une statue
« égyptienne ; mais elles finirent par se
« dérider et ne purent dissimuler leur
« joie quand on leur proposa de venir
« à bord de la frégate. Ce ne fut pas
« sans peine qu'on put vaincre la ré-
« pugnance de Tsi Vandini qui trouvait
« mille prétextes pour empêcher le voyage
« d'avoir lieu, mais la vraie raison, c'était
« sa peur de se trouver au milieu de nous,

« à notre discrétion, ne se sentant pas la
« conscience très nette et redoutant une
« trahison dont il ne se serait pas fait
« faute en pareil cas. A bord, l'étonnement
« ou, pour mieux dire, l'ahurissement de
« la reine recommença, partagé du reste
« par tous les gens de sa suite, dont le
« plus grand nombre n'avaient jamais vu
« que des boutres et ne se faisaient pas
« l'idée d'une si grande quantité de blancs
« réunis. Les scrupules de Tsi-Vandini
« le reprirent quand il s'agit de manger la
« collation offerte aux visiteurs : était-on
« bien sûr que, dans les pâtisseries, il
« n'entrait pas de la graisse de porc ? Cette
« pensée faisait frissonner le dévot musul-
« man. Les petites princesses ne parta-
« gaient pas ses craintes : elles trouvèrent
« les sucreries tout à fait à leur goût : le
« vin de champagne ne leur déplut pas et
« leur donna même une certaine assu-
« rance, car, lorsqu'elles s'en allèrent,
« elles, qui, en mettant le pied sur le na-
« vire, ne savaient trop quelle figure faire,
« elles saluèrent le commandant et les of-
« ficiers avec une dignité gracieuse, les
« matelots avec un air princier, qu'on
« n'était pas en droit d'attendre des souve-
« raines d'une petite île barbare ; on leur

« rendit tous les honneurs attribués aux
« têtes couronnées, pavois, saluts d'artil-
« lerie à la voie, etc. La reine reconnut
« ces politesses en envoyant, aussitôt reve-
« nue à terre, un beau bœuf pour l'équi-
« page de la frégate. »

Le Conseil des ministres assemblé et composé de :

Fadili ben Attomnani,
Mohammed ben Ali Cadi,
Mohammed ben Abdallah,
Mohammed ben Ali Bonia,
Svity Ouafé founou,
M' Chnida Hadi,
Mohammed Abdallah ben Omar,
Abdallah Soofoo,
Allomani Assani,
Bakari Yahaya,
Ali Malimon,
Mohammed ben Ottomani,
Abdallah Amadi,
Abdallah Aiziri,
M' Balya Djomna,
Ivilibou,
Ousseni Charifoo,
Bakari Madi,
Bonia Amadi Mviha,

En l'absence de pouvoir régulièrement

constitué, désirant assurer définitivement l'ordre et la tranquillité à Mohéli, propose à M. Gerville-Réache, commandant de Mayotte :

Art. 1er. — De nommer sultan de l'île le prince Marjani ben Aboodoo Shee et offre de placer Mohéli sous le protectorat de la France.

Art. 2. — Il prend l'engagement de ne jamais traiter ni laisser traiter avec aucune puissance étrangère sans l'assentiment du Gouvernement de la République française.

Art. 3. — Il promet d'accueillir favorablement tous les Français qui voudront s'établir dans l'île et de faciliter l'établissement de tous ceux qui lui seront recommandés par le Gouvernement français.

Art. 4. — Dans le cas où le sultanat deviendrait vacant, le Gouvernement français pourvoira à la nomination d'un autre souverain.

Art. 5. — Le Conseil des ministres déclare se soumettre en toutes circonstances à l'autorité du Gouvernement français et lui demande de traiter les Mohélians avec justice et bonté.

Art. 6. — Le Conseil s'engage à payer les dettes du prince Abderrehman, ex-sultan de Mohéli, jusqu'à concurrence d'une somme de six mille piastres, et à verser entre les mains de qui de droit la somme de deux mille piastres pour régler les frais de la guerre. Le prince Mahmoud déclare ne vouloir rien accepter pour lui et se réserve de faire valoir ses droits au trône de Mohéli avec l'approbation de la France.

Art. 7. — Le Conseil des ministres prend en outre l'engagement de respecter et de faire respecter la personne et les biens de tous ceux qui ont pris part à la dernière guerre et de mettre en liberté tous les prisonniers de la guerre. Faute par lui de se conformer à cette obligation, la personne et les biens de chacun des membres du Conseil des ministres répondent de la stricte exécution de la présente clause.

Avant de monter sur le trône, le nouveau sultan devra accepter toutes les clauses de la présente convention.

Fait en trois expéditions à Fomboni

Mohéli, le vingt-six avril mil huit cent quatre-vingt-six (an de l'hégire, 21 Radjaboo 1303).

(*Signatures.*)

Le prince Marjarni devait avoir, deux ans après, pour successeur le prince Salima Machamba.

***

Population. — Mœurs des habitants

Mohéli est très peu peuplée : elle ne renferme pas plus de 3 ou 4,000 individus, presque tous Malgaches ou Africains. Le sang nègre y domine, et la proportion des différentes races peut s'y établir de la façon suivante : nègres esclaves, 4/10 ; Antalotes, 3/10 ; Malgaches purs et Hovas, 2/10 ; Arabes, 1/10.

Cette population fournit la majeure partie des travailleurs des plantations de Mayotte.

Ombrageux et farouches, les habitants portent tous un couteau ou un poignard à la ceinture ; quelques-uns ne sortent qu'avec des sagaies, des sabres ou de mauvais fusils.

L'île contient deux villes : *Fomboni* et *Mena-Choa*, et une trentaine de villages.

Fomboni, la capitale, est située à 3 kilomètres environ de la côte orientale. C'est une ville de forme carrée, entourée de murailles de galets flanqués de petites tourelles. La plupart des habitants vivent dans des cases en bois ou en paille : on rencontre cependant quelques maisons construites avec de la terre battue consolidée par des morceaux de corail.

Les villages sont des agglomérations de cases en cocotiers ou en terre, bâtis presque tous au bord de la mer, près de l'embouchure d'un ruisseau.

*
* *

Productions de l'île

Très fertile, Mohéli est l'île de prédilection des manguiers et des boababs. Elle produit aussi des palmiers, des vanilliers, de la canne à sucre, et ses riches pâturages servent à engraisser une espèce de petits bœufs dont la viande est fort estimée. Les volailles y sont d'assez bonne qualité, et les canards de Barbarie y atteignent des grosseurs remarquables.

*
* *

Commerce et industrie

Lambert, duc d'Emyrne, avait, nous l'avons vu, fondé à Mohéli une sucrerie très importante. Cet établissement, qui est toujours en pleine prospérité, est en ce moment entre les mains d'un Anglais.

En dehors de cette sucrerie, il n'y a d'autre commerce dans l'île que l'exportation des feuilles.

MAYOTTE

Description géographique. — Climat.

Mayotte ou *Maouté* est située entre 12° 12' et 12° 34' de latitude Sud et 42° 43' et 43° 03' de longitude Est.

S'allongeant dans la direction N.-S., elle a une longueur de 40 kilomètres environ. Sa largeur varie en général entre 8 et 15 kilomètres; mais, dans la partie méridionale, elle n'est que de 4 kilomètres.

De toutes les Comores, c'est l'île qui a les chaînes de montagnes les moins élevées. Son pic le plus haut, le mont Mavagani, n'a que 660 mètres d'altitude. Viennent le pic Onchougé (642 m.) et le mont M'Sapéré (560 m.). Les sommets de ces montagnes sont dénudés; mais les flancs sont couverts de forêts qui renferment des arbres de toutes sortes. Des hauteurs descendent de nombreux torrents qui ne se dessèchent jamais et auxquels l'île doit sa fertilité.

Les rivages de Mayotte sont très découpés. On y rencontre de nombreux caps, de vastes baies et de magnifiques rades. Le cap Douamonni forme l'extrémité septentrionale de l'île. On trouve ensuite à l'ouest les caps Mohila, Acua, la baie Soulon, la baie Boëni et la baie Noumouéli ; à l'est, la baie Longoni, la pointe Choa, la pointe Amoro, l'anse Boudéli, Miambani et Lapani.

L'île est entourée de récifs coralligènes, dont la distance à la côte varie entre 4 et 11 kilomètres, et qui, par des ouvertures, livrent passage aux navires : on a ainsi des bassins excellents pour le mouillage des bâtiments. Tout autour de ces récifs, sont parsemés de petits îlots dépendant de Mayotte. C'est ainsi notamment qu'on rencontre au N.-O. les îles Choazil et Zambourou, escarpées et complètement dépourvues de végétation ; à l'est, Andrima; Dzaoudzi, siège du gouvernement; Pamanzi, reliée à la précédente par une sorte de jetée moitié naturelle, moitié artificielle ; Bouzi, couverte de forêts jusqu'à son sommet, et enfin Ajangua.

L'île Zamauzi est, au nord, couverte

de montagnes absolument stériles. Le lac Zéann, situé près de son extrémité septentrionale, est un ancien cratère dont les bords, taillés à pic, sont tapissés d'herbes marines : son eau est salée et suit le mouvement des marées.

La plus belle rade est celle de Dzaoudzi, qui a deux excellents mouillages, où les navires sont, en toutes saisons, à l'abri des vents du large : l'un est situé au nord, l'autre au sud de l'île de ce nom, Deux passes principales y conduisent à sa partie septentrionale, la passe de Zambourou ; à sa partie méridionale, la passe Bandéli.

La superficie de Mayotte est de 35,000 hectares ; si on compte les îlots, le nombre de ces hectares atteint 37,000.

L'île est sillonnée en tous sens par des routes ; mais si, comme nous l'avons vu, elle a de nombreux ruisseaux et torrents, en revanche, elle ne possède ni canaux ni rivières navigables.

Mayotte est la plus insalubre de toutes les Comores.

Mayotte, étant dans la zone des vents réguliers, n'a pas à supporter de ces ouragans qui sévissent dans tant de contrées et y exercent de si grands ravages. La saison sèche, correspondant à la mousson de

Sud-Est, dure d'avril ou mai à octobre ; la température est alors de 27° avec des variations oscillant entre 24 et 32°. La saison des pluies, qui est celle de la mousson de Nord-Est, dure d'octobre à avril ou mai ; la température varie alors entre 34 et 36°. Le baromètre oscille toute l'année entre 759 et 769 m/m.

« Il n'y a pas, dit le Dr Doublé, cité par
« M. Gevrey dans ses *Essais sur les Co-*
« *mores*, un seul colon ou employé qui ne
« porte sur sa physionomie l'empreinte
« des affections viscérales, consécutives
« aux fièvres maremmatiques réitérées.
« Chez plusieurs, la cachexie est très pro-
« noncée. Les malheureux parvenus à cet
« état ont encore l'aveugle courage de se
« dire acclimatés, parce qu'ils ont eu mille
« fois la fièvre et qu'elle ne les a pas tués.
« Voilà ce que c'est que l'acclimatement
« à Mayotte. La première année se passe
« facilement, malgré des accès de fièvre
« souvent nombreux ; mais, après cela, le
« sang s'appauvrit, l'intelligence s'use de
« la même manière que le corps, les tra-
« vaux sont pénibles ; on est alourdi, pa-
« resseux ; tout ce qu'on fait est empreint
« de mollesse ; les sens sont émoussés ;
« certaines facultés diminuent d'une ma-

« nière déplorable, la mémoire surtout;
« on vit dans une sorte de torpeur; les
« fonctions de la vie de relation sont em-
« barrassées de la même manière que
« celles de la vie organique; le mou-
« vement vital est constamment attaqué
« dans sa source. On doit croire sans peine
« que, lorsque cet état a duré plusieurs
« années, le petit nombre de ceux qui ont
« résisté exceptionnellement ne doit pas
« offrir de fameuses garanties pour les an-
« nées suivantes.

« Un seul parti reste à prendre : la fuite;
« encore ne faut-il pas trop attendre, car
« les remèdes échoueraient contre une
« constitution ruinée, des viscères atones,
« des muscles inertes et une innervation
« ayant perdu son rythme physiologique.»

Le tableau que nous fait le docteur Doublé du climat de Mayotte est, on le voit, des plus sombres. Il est assurément un peu exagéré; mais, on ne peut le nier, beaucoup d'Européens ne peuvent supporter le séjour de cette île et sont obligés de se faire rapatrier après un très court séjour.

***

Historique

Ce fut, dit la tradition, le navigateur portugais Diego Suarez qui découvrit

Mayotte, en 1527. Le Hollandais Davis y aborda en 1595 et fut, paraît-il, fort bien reçu par le sultan de l'île.

L'histoire de Mayotte, comme celle de toutes les Comores, est d'ailleurs assez confuse ; cependant, le capitaine Péron, dans ses mémoires, parle d'une expédition que le sultan d'Anjouan aurait faite en 1792 contre Mayotte, pour y obtenir le paiement d'un tribut. A cette époque, Radama Ier était roi des Hovas. Adriansouli, chef des Sakalaves de Boéni, avait été chassé par lui de la côte Ouest de Madagascar : il se réfugia avec les siens à Mayotte, où le sultan Amadi, alors en guerre avec les sultans de la Grande Comore et d'Anjouan, lui avait offert l'hospitalité et même une partie de sa souveraineté.

Sur ces entrefaites, le frère d'Amadi le tua et prit sa place; mais Amadi avait un fils, Banacombé, qui, avec l'aide d'Adriansouli et des Sakalaves, renversa à son tour l'usurpateur. A la suite de cette victoire, Adriansouli épousa la fille d'Amadi et une partie de l'île lui fut donnée en récompense de l'appui qu'il avait prêté à Banacombé.

Cette bonne intelligence ne put durer

longtemps. La guerre éclata bientôt entre les deux sultans de Mayotte et Banacombé, vaincu et chassé de l'île, alla se réfugier à Mohéli auprès de Ramanétak. Ce dernier envahit Mayotte et infligea une sanglante défaite à Andriansouli ; mais ce dernier, avec l'aide du sultan d'Anjouan, put reconquérir le pouvoir. Pendant son règne, il eut à réprimer de nombreuses révoltes et l'île fut à l'état de guerre presque sans interruption.

Telle était la situation lorsqu'en 1840 le lieutenant de vaisseau Jehenne, commandant la *Prévoyante*, vint à Mayotte. Adriansouli, fatigué de ces luttes continuelles, offrit de céder l'île à la France, moyennant une pension de 5,000 francs et l'éducation de ses enfants à l'île Bourbon. Le gouvernement français envoya en mission un capitaine d'infanterie de marine, M. Passot, pour étudier cette proposition. Trois prétendants se disputaient alors Mayotte : Banacombé, Ramanétak et enfin le sultan d'Anjouan, Salim, frère d'Abdallah. Les deux premiers moururent pendant les négociations et Salim se désista de ses prétentions. Dans ces conditions, le capitaine Passot conclut avec Andriansouli un traité d'annexion qui fut ratifié le 10 février 1843. La prise de possession officielle eut lieu le 13 juin suivant.

***

Population. — Mœurs des habitants. Gouvernement et administration

La population de Mayotte est d'environ 15,000 habitants. Les indigènes ont un type qui se rapproche beaucoup de la race nègre ; ils fournissent peu de travailleurs aux industries de l'île, et c'est à peine si, pendant la saison des coupes, quelques centaines d'entre eux viennent demander à être employés. Vivant très sobrement, ils se contentent de ce qu'ils peuvent récolter sur les terres mises à leur disposition. Très religieux, ils poussent le culte jusqu'à la superstition et leurs fêtes empruntent à cet état d'esprit une note toute spéciale.

M. Capitaine, qui vécut longtemps au milieu de cette population, nous décrit d'une façon très intéressante une de ces solennités :

« Dans une cour intérieure, exposée à « un soleil brûlant, et entourée d'une « vérandah où se trouvent quelques « bancs de bois grossièrement faits, étaient

« étendues sur un large divan plusieurs
« danseuses aussi laides que peu vêtues.
« Dans un coin, un orchestre composé
« d'un flageolet, de trois énormes tam-tam
« et d'un gigantesque gong, sur lequel un
« nègre vigoureux frappait à coups redou-
« blés, modulait des airs discordants. Une
« de ces femmes commença une danse ef-
« frénée ayant quelque analogie avec
« celle des derviches tourneurs. Au bout
« d'un quart d'heure elle tomba épuisée,
« et on l'emporta après lui avoir versé un
« seau d'eau sur la tête. L'interprète arabe
« nous expliqua que ces femmes étaient
« possédées du démon qui ne lâchait sa
« proie que lorsqu'elles tombaient en con-
« vulsions. Toutes les autres femmes en
« firent autant. »

Les immigrants européens vivent beaucoup plus confortablement que les indigènes. Ils élèvent des animaux, font du jardinage et cultivent du riz.

Les principales villes de l'île Mayotte sont : *Dzaoudzi*, *Mamoutzon*, *M'Sapéré*, *Passamenti* et *Chingouni*.

Dzaouzdi est le siège du gouvernement. De fondation très ancienne, elle a été choisie à cause de sa salubrité relative.

Située sur un îlot, elle a une rade excellente, et le rocher sur lequel elle est bâtie constitue la meilleure des défenses. Des fonctionnaires et des soldats forment presque exclusivement sa population.

En face de Dzaoudzi est *Mamoutzon*, de date plus récente, qui serait la capitale de l'île si son insalubrité ne l'avait empêché.

M'Sapéré est le centre commercial de Mayotte. Là, sont les commerçants indiens qui approvisionnent les indigènes habitant la ville. Autrefois, les constructions consistaient uniquement en mauvaises cases en nattes : actuellement, des maisons en maçonnerie s'élèvent un peu partout, et notamment la rue principale est toute bordée de constructions en pierre. M'Sapéré est assurément appelée à avoir une très grande importance.

Passamenti et *Chingouni* sont de gros villages. La dernière de ces localités a été jadis capitale de l'île : elle n'a guère plus, en ce moment, que 200 habitants et sa population tend à décroître de plus en plus.

Mayotte, étant une colonie française, est administrée par un gouverneur, assisté d'un conseil composé des chefs de service de la colonie : directeur de l'intérieur, juge, président, chef du service de santé, etc.

Un délégué représente ses intérêts au Conseil supérieur des colonies.

***

Productions de l'île

Mayotte est très riche en essences forestières. On y trouve tous les arbres des contrées tropicales et beaucoup d'entre eux sont très recherchés pour les constructions navales.

Les alentours de la baie Boéni sont surtout très boisés, mais les plus beaux arbres sont sur les contreforts du pic Ouchongui. Malheureusement on a eu le grand tort de détruire en grande partie les forêts couvrant ces montagnes et de faire du reboisement une condition essentielle de la prospérité de l'île.

Les arbres fruitiers, les cotonniers, le maïs, le manioc, le riz et les vanilliers sont les principales productions du sol. Les cacaoyers y couvrent également de grands espaces à l'état sauvage, et on y trouve de vastes prairies, très propres à l'élevage. On y rencontrait jadis de vastes forêts de caoutchouc qu'on a complètement détruites pour y semer du riz. Cela a été une grande faute, car il y avait là pour l'île une source de revenus importants

La culture de la canne à sucre y est très prospère, et nous allons voir que la fabrication du sucre constitue la principale industrie du pays.

Toutes les grandes concessions rurales appartiennent à des Français. Les indigènes ne possèdent que des propriétés de petite étendue.

***

Commerce et industrie

Mayotte a subi une crise commerciale comme tous les pays à production sucrière, mais aucune colonie ne semble mieux placée que cette île pour devenir le centre d'un commerce considérable.

« Située au milieu du canal de Mozam-
« bique et à mi-distance de Madagascar
« et du continent africain, Mayotte, dit
« M. Léopold Boutet, est à peu près la
« seule escale de tous les caboteurs arabes
« et antanaots, qui font la navigation de
« Madagascar et de la côte d'Afrique.
« Qu'elle soit approvisionnée des objets
« demandés par les populations malga-
« ches et africaines, et la force des choses
« en fera l'entrepôt obligé de toutes ces
« populations, qui viendront y échanger

« les productions de leur pays contre nos
« produits européens. »

Actuellement, les principaux articles exportés sont le sucre, le rhum et la vanille Les articles importés sont le riz, les fruits et graines, les vins et spiritueux, etc. L'exportation est environ le triple de l'importation.

On compte à Mayotte une douzaine de sucreries qui fabriquent environ 3 millions de kilogrammes de sucre et de distilleries qui produisent un rhum très renommé. La moitié environ de sucre produit est livré à l'exportation.

Les communications commerciales avec la métropole sont assurées par un paquebot qui va chaque mois de Marseille à Mayotte, en passant par Port-Saïd, Suez, Obock, Aden et Zanzibar.

Conclusion

Telles sont, résumées en quelques mots, l'histoire et la description des Comores, travail qui nous a été facilité par l'amabilité de M. Humblot qui a bien voulu nous communiquer certains documents intéressants.

Grâce à leur situation, à leur fertilité exceptionnelle, à leur production si variée, ces îles devraient jouer un rôle important, alors que, malheureusement, ce rôle est des plus effacés ; et à ceux qui objectent leur insalubrité, on peut répondre que l'une d'elles, la Grande Comore, jouit d'un excellent climat, favorable aux Européens comme aux indigènes.

Si l'Angleterre possédait ces îles, il y a longtemps qu'elle en eût fait un centre commercial des plus importants et une station militaire de première ordre.

Pourquoi ne pas agir comme eût agi l'Angleterre?

E. Légeret.

PARIS — Imprimerie G. CAMPROGER
52, rue de Provence.

10

www.ingramcontent.com/pod-product-compliance
Lightning Source LLC
Chambersburg PA
CBHW070017110426
42741CB00034B/2051
* 9 7 8 2 0 1 2 5 4 3 9 4 2 *